R 20727

Paris
1793

Delisle de Sales, Jean-Baptiste Claude Izouard (ou Isoard de Lisle) dit

Histoire philosophique du monde primitif

3

R. 2946.
C. 12.

HISTOIRE
DU
MONDE PRIMITIF

HISTOIRE
PHILOSOPHIQUE
DU
MONDE PRIMITIF

PAR L'AUTEUR

DE LA

PHILOSOPHIE DE LA NATURE.

QUATRIEME ÉDITION.

Entièrement refondue et augmentée de plusieurs Volumes.

TOME III.
====

À PARIS

M. DCC. XCIII.

FAUTES ESSENTIELLES.

A CORRIGER.

Page 101, ligne 20, AU LIEU DES MOTS les Molucques et les Maldives, METTEZ les Kuriles et les Isles brulantes de l'Italie.

Page 108, ligne 2 et 3; AU LIEU DE CES MOTS : est celle d'Hyéra, aujourd hui Vulcanello, une des Isles de l'Archipel, LISÉS AINSI : fait partie de notre Santorin, et ne sçaurait être, comme le prétend le commandeur de Dolomieu, une des Isles de cet Archipel.

HISTOIRE
DU MONDE PRIMITIF.

THÉORIE DU VOLCANISME.
CONSIDÉRATIONS PRÉLIMINAIRES.

L'ANTIQUITÉ nous a laissé peu de mémoires sur les Volcans : non que les explosions terribles de ces foyers d'incendie, n'ayent laissé des traces profondes dans le souvenir des peuples qui en étaient les victimes : mais les hommes, qui avaient le courage de se choisir une patrie, sur le sol dévastateur de Parthénope ou de la Sicile, n'avaient pas celui d'étudier, dans le cratère d'une montagne embrasée, ou dans ses laves, le principe de ses dévastations : et s'il se trouvait des philosophes, comme Empédocle qui voulussent percer ce grand mystère de la nature, ils ne sçavaient que voiler audacieusement leur ignorance, sur l'organisation d'un Volcan, en se précipitant dans ses abymes.

Et quand je parle ici de l'antiquité, ce n'est pas de celle qui touche aux ages primitifs. Tout me détermine à penser, qu'à cette époque d'une nature neuve et pleine d'énergie, l'homme avec une taille plus grande, des organes plus actifs, une vie plus longue, étendait aussi davantage la sphère de son intelligence. Les Linné, les Cassini et les Newton n'étaient, pour ce période, que des génies du second ordre : et si l'histoire est muette sur ce grand fait, c'est que la terre étant alors le théâtre physique des plus violentes révolutions, à chaque pas que faisait l'esprit humain, elle engloutissait dans ses abymes l'homme et ses ouvrages.

Au défaut de monuments écrits, tâchons

donc, avec les seuls matériaux dont il nous soit permis de disposer, c'est-à-dire, avec les roches dégradées sorties d'un cratère, des pierres-ponces et des laves, de surprendre la nature dans le secret de l'organisation des Volcans.

Cette théorie, pour avoir quelqu'authenticité, doit se lier avec un petit nombre de faits épars dans les annales des peuples éclairés, depuis Périclès jusqu'à Marc Aurèle; et avec l'observation des phénomènes, faite de nos jours par d'habiles physiciens, tels que les Ferber et les Hamilton.

Depuis quarante ans, que la physique moderne s'occupe de la structure du globe, on a peu touché à la théorie des Volcans : c'est une science presqu'à son berceau : et plus la route est neuve, plus il y faut marcher avec circonspection, pour commander la confiance à l'homme dont on a l'ambition de se faire suivre.

Le premier phénomène qui se présente,

c'est le travail d'un feu caché dans les entrailles du globe, pour organiser les montagnes de sa surface : mais quel est ce feu interne capable de projetter, hors du sein des mers, des masses de matières embrasées, telles que l'Etna, l'Hécla et le Pic de Ténériffe ?

Si l'on ne cherchait que d'ingénieuses hypothèses, on serait tenté d'abord de regarder comme l'agent des montagnes Volcaniques, ce feu central, sans lequel Buffon n'aurait point écrit son système du monde : feu qu'il a ravi à Whiston et à Mairan, comme Prométhée ravissait le feu du Soleil, pour donner une ame à sa Pandore.

Le feu interne du globe, quelque soit sa nature, ne peut exercer sa force expansive, qu'autant qu'il rencontre des interstices qui lui permettent de se déployer. Il faut donc, pour que notre théorie se concilie avec les faits, trouver des voutes et des cavernes, entre la roche-vive qui constitue la masse de la terre, et la croute extérieure qui sert de théâtre aux grandes révolutions de la nature.

Ce feu dévastateur, avant de s'ouvrir une issue par les cratères des montagnes, doit exercer ses fureurs dans des cavernes immenses qu'il dégrade, et sous des voutes qu'il renverse : ainsi il doit y avoir la plus grande analogie entre la cause des Volcans et celle des tremblemens de terre.

La solution de ces problèmes préliminaires commencerait à jetter quelque jour sur le problème fondamental. On serait déjà à portée, par l'examen des matières embrasées, que les Volcans vomissent dans leurs éruptions, et par la décomposition des laves de plusieurs siècles, de décider, si le feu interne du globe exerce son action sur les montagnes secondaires, ou sur les grandes chaines primordiales.

Supposé qu'il résulte de l'union de la logique et des faits, que l'eau est le principal aliment du feu Volcanique, on sera conduit à chercher, sous le lit de l'Océan, le foyer de ce vaste incendie, qui s'annonce, par mille bouches diverses, de l'Islande au Kamsatka, et des Cordilières aux Terres Australes.

Un autre anneau de la grande chaine des phénomènes, sera peut-être, qu'il n'y a de Volcans que dans les isles ou du moins dans les Péninsules.

Et s'il existe, sur ces continents, des traces de ces antiques bouches à feu, qui se sont éteintes faute d'alimens, c'est que l'Océan a cessé de baigner leurs bases.

Cette théorie nous ramène naturellement aux montagnes secondaires, production lente de la mer, qui accumule ses dépots dans son sein, et renoue ainsi le fil rompu de notre ouvrage.

DE L'HYPOTHÈSE
DU FEU CENTRAL.

Whiston, qui, dans ses rêveries théologiques, a tantôt combattu et tantôt commenté Moyse et l'Apocalypse, avait besoin du feu central pour donner quelque poids à ses hypothèses sur la théorie du globe ; aussi réduisant ses doutes en assertions, il s'exprime ainsi : « les phénomènes de la « nature et l'ancienne tradition annoncent, « dans l'intérieur de la terre, une chaleur, « qui se porte, par une émanation conti- « nuelle, du centre à la circonférence.

Ce feu central, fait il entendre ailleurs, peut bien durer depuis soixante siècles, puisqu'il en faudrait 500, à la Comète de 1680, pour se refroidir : à cette comète, qui, d'après les calculs de Newton, éprouva une chaleur deux mille fois plus grande que celle du fer rouge, quand elle passa à son Périhélie.

Le feu central, imaginé en 1696, dormit vingt ans dans l'Europe sçavante; en 1716, Mairan le réveilla : cet académicien en avait besoin, pour rendre raison de quelques phénomènes sur la glace, et il commenta Whiston, pour se rendre digne d'être lui même commenté un jour.

Il était de la destinée de ce feu central, de s'éteindre tour-à-tour et de se rallumer, pour étayer des Systèmes.

Après environ quarante ans d'oubli, Buffon qui cherchait, non dans la nature, mais dans son génie philosophique, des preuves du réfroidissement successif du globe, réchauffa la cendre du feu central, et en fit la principale clef de la théorie de notre planète.

Le feu central est manié par le Pline de la France, avec la plus grande adresse, on peut en juger par l'analyse rapide du système.

Dans nos climats, où le plus long jour est de 16 heures et le plus court de 8, nous recevons trois fois plus de rayons de Soleil en été qu'en hyver; et comme cet astre est alors deux fois plus long-temps sur l'horison, il est évident que la chaleur qui en résulte est au moins six fois plus grande en Juillet qu'en Janvier; d'un autre côté, les expériences de nos grands physiciens, expériences faites avec les meilleurs thermomètres, démontrent que la différence de la chaleur de notre été à celle de l'hyver, n'est que dans le rapport d'un à 32. D'où peut venir une si étrange différence entre ces deux résultats? Pourquoi, quand la végétation, arrêtée par les frimats, semble expirer autour de nous, la terre au lieu de perdre les cinq sixièmes de sa chaleur, n'en a-t-elle réellement perdu qu'un trente-deuxième? La solution du problème est simple dans l'hypothèse du feu central ; c'est que sa chaleur interne est 150 fois plus considérable que celle qu'elle reçoit dans le même temps du Soleil, et 25 fois plus grande que celle des rayons d'été.

La chaleur centrale du globe vient, d'après cette hypothèse, de ce qu'il a été, à la naissance des ages, du verre en fusion : cette chaleur, comme le prouvent les expériences sur les petits boulets de Montbard, s'affaiblit graduellement depuis 74856 ans, et dans 93287, elle sera tellement anéantie, que tous les êtres animés disparaîtront de la surface de la terre, devenue le tombeau de la nature.

Quelques monuments historiques, à en croire le même système, tendent à indiquer, que la chaleur du globe diminue presque sensiblement de siècle en siècle : on a toujours cru, dans les siècles reculés, que la Zône torride était inhabitable, et aujourd'hui nos Européens commercent impunément sous la Ligne, avec les peuples des deux continens : d'un autre côté, il y a une ancienne tradition en Sibérie, qu'il fut un temps où cette contrée jouissait de la plus heureuse température; voilà donc deux faits qui semblent reconnus : l'un, la diminution sensible de chaleur sous la Ligne, et l'autre, l'augmentation de froid vers les Pôles.

La nature paraît, ajoute-t-on, déposer elle-même en faveur du système du refroidissement successif du globe. On trouve, dans les fossiles d'un continent, des vestiges bien caractérisés de plantes, qui ne croissent que dans l'autre; ces plantes, nées pour la plupart sous la Zone torride, ont laissé la trace de leurs linéamens, sur les pierres de nos froides contrées; et par une bizarrerie singulière, ces rochers taillés à une grande profondeur dans la terre, ne portent l'empreinte d'aucune des plantes qui croissent aujourd'hui sur sa surface. Ce fait considéré, sous deux points de vue différens, disent les propagateurs de la nouvelle théorie du globe, présente deux résultats semblables. La présence des plantes des Indes indique une chaleur plus grande, nécessaire pour elles : l'absence des plantes du pays indique qu'elles attendaient de leur ciel de plus douces influences.

Le règne animal concourt avec le règne végétal, pour augmenter les probabilités du système. On a déterré dans les contrées les plus froides du globe en Islande, au Canada, et sur-tout en Sibérie, des squeletes d'éléphans : or, ce quadrupède ne naît que dans la Zône torride ; quand on le transporte dans nos régions tempérées, il ne connait ni le besoin, ni le plaisir de perpétuer son espèce. Il est évident, dit à ce sujet le disciple le plus ingénieux de Buffon, que les éléphans se sont d'abord propagés sous le Pôle : quand sa chaleur interne s'est affaiblie, ils sont descendus lentement vers l'Équateur, et enfin il se sont fixés sous la

Zone torride, la seule contrée du globe, dont la température actuelle leur convienne; jusqu'à ce que cette température encore réfroidie, les détruise, et que leur espèce disparaisse, comme tant d'autres, qui subsistaient par une chaleur plus grande, et qui ne vivent plus que dans les livres philosophiques de l'antiquité.

On ne peut se dissimuler, d'après cette analyse rapide, que le feu central ne soit un agent merveilleux pour organiser les montagnes Volcaniques.

Mais avant de discuter ses effets, ne faudrait-il pas discuter son existence? la dent d'or de Fontenelle m'effraye. Je la vois, malgré le poids imposant des renommées, partout où le génie crée des hypothèses.

Les têtes pensantes sçavent déjà à quoi s'en tenir sur la base de ce système : c'est-à-dire, sur la Comète qui a créé notre globe, en sillonnant obliquement le corps du Soleil.

On n'a dû voir encore qu'une rêverie

brillante, dans l'idée qui assimile les petits globes de feu de Montbard, rougis jusqu'à l'incandescence, avec le fluide embrasé, qui, à la naissance des âges, composait la substance de notre planète.

Quand Buffon, d'après les philosophes, dont son pinceau enchanteur vivifia les paradoxes, a fait entendre que le feu central de la Terre, serait 168125 ans à s'éteindre, il est parti, ainsi qu'eux, d'un calcul suspect de Newton, qui semble moins à sa place dans les PRINCIPES MATHÉMATIQUES de ce grand homme, que dans sa faible CHRONOLOGIE.

« La chaleur du Soleil, dit Newton, est
« comme la densité de ses rayons : c'est-
« à-dire, réciproquement comme le quarré
« de la distance des lieux au Soleil ; ainsi
« comme la distance de la Comète (de
« 1680), au centre du Soleil, le 8 décembre,
« jour où elle se trouvait à son Périhélie,
« était à la distance de la Terre au centre du
« Soleil comme six à environ mille : la cha-

« leur du Soleil, dans la Comète, était alors à
« la chaleur du Soleil sur la Terre, en été,
« comme un million à trente-six ou comme
« vingt-huit mille à l'unité ; mais la chaleur
« de l'eau bouillante est presque triple, de la
« chaleur que la Terre reçoit en été des
« rayons du Soleil, comme j'en ai fait l'ex-
« périence : et la chaleur du feu ardent est,
« si ma conjecture est juste, trois ou quatre
« fois plus grande que celle de l'eau bouil-
« lante. Par conséquent la chaleur que le
« sol aride de la Comète, dut éprouver par
« les rayons du Soleil dans son Périhélie,
« était presque deux mille fois plus grande
« que celle du feu ardent : et un feu aussi
« considérable devait consumer et dissiper
« en un instant toute la matière volatile des
« corps célestes, ses vapeurs et ses exha-
« laisons.

« La Comète éprouva donc, dans son Pé-
« rihélie, une chaleur immense des rayons
« du Soleil, et cette chaleur, elle l'a pu

« conserver un long intervalle de temps.
« En effet, un globe de fer rouge, d'un
« pouce de diamètre, exposé à l'air, pendant
« une heure, perd à peine toute sa chaleur ;
« or un globe plus considérable conser-
« verait la sienne plus long-temps, en raison
« de son diamètre, parce que sa surface
« (mesure naturelle du réfroidissement par
« le contact de l'air environnant), est
« moindre dans cette raison, eu égard à la
« quantité de matière embrasée qu'elle ren-
« ferme. Ainsi un globe de fer rouge, égal
« à la Terre, c'est-à-dire, dont le diamètre
« serait environ de quarante millions de
« pieds, ne se réfroidirait qu'en quarante
« millions de jours, et par conséquent serait
« à peine réfroidie en cinquante mille ans ».

Ce texte du grand Newton, germe de toutes les hypothèses sur le feu central, n'est point à l'abri des atteintes du scepticisme, comme sa théorie sublime de la gravitation.

D'abord

« D'abord la Comète de 1680, n'a pas eu le temps d'acquérir, dans son Périhélie, une chaleur deux mille fois plus grande que celle du fer rouge : car elle n'y a séjourné que cinquante-cinq jours et demi ; et suivant les calculs de la physique moderne, il faudrait qu'elle y eut resté trois cents quatre-vingt-douze ans, presque sans mouvement, et frappée en tout sens par les feux du Soleil : cette simple considération diminue deux mille six cents fois la chaleur de la comète ; et on peut en conclure que sa surface n'a jamais atteint la simple chaleur du fer rouge, même au point le plus favorable du Périhélie.

Un autre raisonnement qui a échappé à la sagacité de Newton, infirme toute sa théorie. Un corps quelconque exposé au feu le plus actif, que la physique puisse imaginer, n'est susceptible que d'un dégré de chaleur limité : passé ce terme, si c'est un fluide, il s'évapore : si c'est un corps solide il se décompose. Ainsi, ni la comète de 1680, dans son Périhélie, ni notre globe, quand il n'était formé que d'un fluide embrasé, n'ont dû acquérir une chaleur centrale, qui nécessite un intervalle de cinquante mille ans pour son réfroidissement.

Si le système du feu central blesse par son ensemble, il ne s'offre pas d'une manière plus favorable par ses détails.

Il est certain que le globe, dans notre Zône Tempérée, ne perd point en hyver les cinq sixièmes de sa chaleur, comme les calculs de Mairan semblent l'indiquer : il n'est pas même vraisemblable qu'on puisse l'attribuer à la proximité du Soleil, qui, dans cette saison rigoureuse, est en effet plus proche de nous qu'en été d'environ douze cents mille lieues : mais on n'a pas besoin de la chaleur centrale pour expliquer ce phénomène. Il y a un fluide igné, répandu sur toute la surface du globe, et que développe la fermentation de toutes les matières végétales et animales qui composent ses couches extérieures. La chaleur de ce fluide se communique à l'atmosphère, quand elle est surabondante, et s'augmente de celle de l'atmosphère, quand elle est trop faible. Ce fait si simple suffit pour rendre raison de tout, sans recourir aux dogmes théologiques de Whiston, aux chiffres de Mairan, et aux phrases éloquentes de l'auteur des époques.

S'il existait un feu central, reste du fluide embrasé qui formait originairement la substance du globe, il devrait naturellement être d'autant plus actif, qu'on approcherait davantage de son foyer : or cette chaleur croissante, à mesure qu'on descend dans les entrailles de la terre, est démentie par l'expérience ; à quelque profondeur qu'on atteigne, on ne rencontre jamais qu'une température égale : température, qui répond à peu près à dix dégrès du thermomètre.

Un des premiers naturalistes de l'Europe

a été conduit par les faits à déclarer, que la chaleur de la terre, uniforme à soixante ou quatre-vingt pieds de profondeur, n'y éprouve point sensiblement les variations de l'atmosphère.

D'autres physiciens, pleins de lumières, ont sondé les mers, et ont trouvé si peu d'énergie au feu central, que jamais le fond de leurs abymes, ne leur a paru échauffé au dégré de leur surface.

Si ce feu, après tant de myriades de siècles qu'il est allumé, concentré encore au point central du globe, s'échappait d'une manière sensible sur sa surface, ce ne serait qu'en transsudant au travers de la roche vive, ou en brisant avec violence cette enveloppe.

Mais la saine physique n'admet point une transsudation au travers d'une effroyable masse de matière compacte et homogène : elle exclud encore plus, des ouvertures d'au moins douze cents lieues de roches, pour ne produire dans les Volcans que le petit effet de quelques cratères, qui n'ont pas un mille de diamètre.

Assurément si le feu central se faisait un passage, au travers du noyau du globe, jusqu'à la base de l'Etna ou du Vesuve, il aurait assés d'intensité pour fondre les Schorls, dont les Laves sont remplies, et qui se liquéfient si aisément dans nos laboratoires : ou plutôt, au lieu de se faire jour lentement, au travers de ces faibles soupiraux qu'on nomme des Volcans, il projetterait les Isles mêmes, qui les renferment, hors des mers, changerait l'équilibre des continents, et anéantirait l'espèce humaine sur leur surface.

Le dirai-je enfin ? les faits historiques qu'on allègue en faveur du système, que le globe se refroidit graduellement, sont sans cesse en opposition avec d'autres, qui tendraient à prouver qu'il s'échauffe.

Appien, en parlant de l'ancienne Numidie,

assure que son climat était tempéré, et que la chaleur de ses étés, n'approchait pas à beaucoup près de celle des Indes : ce qui paraitrait aujourd'hui une hérésie géographique à nos Busching et à nos Danville.

Le Thermodon, qui, dans des temps antérieurs, gelait quelquefois en été, ce qui lui avait fait donner le nom de fleuve de crystal, reste maintenant navigable, au cœur même des hyvers.

La mer qui environnait l'Isle d'Ogygie, se glaçait aussi avant Plutarque ; et déjà elle n'était plus fermée aux navigateurs, au siècle où écrivait cet historien philosophe.

Diodore dit que les Scythes habitaient parmi les glaces des Palus-Méotides : et Strabon convient, que ce même bras de mer gela sous le règne de Mithridate : or le climat des rivages de la mer d'Azoph, nom sous lequel nous connaissons les Palus, est aujourd'hui bien plus chaud que celui de notre Provence.

Reconnaît-on l'été presque perpétuel de cette province de l'empire Ottoman, qui fut la patrie d'Orphée, dans ces vers de Virgile, qu'un moderne a traduits avec tant d'élégance?

Dans les champs, où l'Ister roule ses flots rapides,
Aux bords du Tanays et des eaux Méotides,
Aux lieux où le Rhodope, après un long détour,
Termine vers le Nord son oblique retour,
Aucun troupeau ne sort de son étable obscure :
Là, les champs sont sans herbe et les bois sans
        verdure ;
Là, le temps l'un sur l'autre entasse les hivers ;
L'œil ébloui n'y voit que de brillans déserts,
Que des plaines de neige ou des rochers de glace,
Dont jamais le Soleil n'effleura la surface :
Des frimats éternels et des brouillards épais
Eteignent tous ses feux, émoussent tous ses traits ;
Et soit que le jour naisse ou qu'il meure dans
        l'onde,
La nature y sommeille en une horreur profonde :
Là, le fleuve en courant, sent épaissir ses eaux :
Des chars osent rouler où voguaient des vaisseaux :

Plus loin, un lac entier n'est plus qu'un bloc de
   glace ;
La laine sur les corps se roidit en cuirasse ;
La hache fend le vin ; le froid brise le fer,
Glace l'eau sur la lèvre et le souffle dans l'air.

Cette même Thrace, qui, du temps de Virgile, partageait le climat de notre Groënland, un siècle et demi après, était encore, au gré de Pausanias, remplie d'ours blancs, animaux qu'on ne rencontre guère aujourd'hui qu'au delà du Cercle Polaire.

La température actuelle de Rome dépose aussi contre le système, que le globe va sans cesse en se refroidissant ; et Columelle s'en était déjà aperçu de son temps. On ne voit plus, dans la capitale des Papes, d'hyvers, tels que celui qui fit périr tous les arbres dans la capitale du monde Romain, il y a un peu plus de 21 siècles. Le Tibre n'y gèle plus comme au temps de Juvenal ; on s'y précautionne contre le ciel des Africains, et non contre celui des Lapons.

Nous-mêmes, nous sentons tous les jours que Paris n'éprouve point les frimats, dont l'Empereur Julien gémissait dans les murs de sa Lutece. Nous plantons avec succès des vignes en Bourgogne et des oliviers en Provence, ce qui était impossible aux Gaulois contemporains des premiers Césars.

Il en est, à cet égard, de nos mers méditerrannées comme de nos villes : on regarde comme un prodige, que le Bosphore ait été pris entièrement par la gelée sous Constantin Copronyme, et que la Mer Noire ait resté glacée pendant vingt jours sous l'empire d'Arcade : les peuples qui habitent ces rivages, sourient dédaigneusement sur ces faits, parce qu'ils en croyent plus leur Soleil que leurs historiens.

La saine physique et les monuments de l'histoire se réunissent donc à nous prémunir contre le feu central, qui d'ailleurs ne prouve rien dans la théorie du monde, si ce n'est le génie de l'auteur des époques.

DU FEU

QUI ALLUME LES MATIERES VOLCANIQUES.

Si le feu central n'a pas plus d'autorité en physique que le Tartare d'Hésiode ou d'Ovide, qui en est l'image, il faut chercher en silence, dans le laboratoire de la nature, un agent plus propre à produire les incendies Volcaniques et à les propager.

La Terre, depuis son massif de roche vive jusqu'à sa surface, renferme une quantité énorme de substances minérales, propres à fermenter ensemble et à s'embraser : celle qu'on rencontre le plus communément est la Pyrite : il y en a de martiales, de sulphureuses, de vitrioliques et d'arsenicales : elle s'amalgame avec toute espèce de roche soit Graniteuse, soit Calcaire : on la trouve dans les mines, dans les charbons fossiles et dans les ardoises. Cette matière, peu connue avant ce siècle, ou du moins mal analysée nous a valu de la part de Henckel, un chef-d'œuvre en minéralogie.

Or il est reconnu en Chymie, que l'intermède de l'eau dispose le fer et l'acide vitriolique de la Pyrite, à un mouvement interne de chaleur, qui s'annonce souvent par des flammes. Ce mouvement, effet de l'action et de la réaction de toutes les parties du corps qui fermente, s'exerce avec d'autant plus de force, qu'il trouve autour de lui plus de résistance. S'il est vrai que les principes les plus simples soient aussi ceux qui ont le plus de fécondité, il ne serait pas étonnant que l'analyse de la Pyrite nous dévoilât toute cette théorie des montagnes Volcaniques, que le désir de mettre de l'ordre dans cet ouvrage, nous a déjà portés à faire pressentir.

Si les incendies Volcaniques sont dus aux

matières inflammables qui fermentent dans le sein de la terre, il est démontré qu'il n'en faut pas chercher le foyer dans la roche vive de son noyau.

Le feu qui developpe la fermentation des Pyrites, une fois produit, ne peut se propager que par les interstices, que l'intérieur du globe présente à ses explosions, c'est-à-dire, par les cavernes immenses qu'il recèle à une certaine profondeur. Delà la théorie des tremblemens de terre, liée essentiellement avec celle des Volcans.

Nous avons vu que le contact de l'eau était nécessaire, pour faire fermenter la Pyrite, et les autres substances minérales ; et de cette simple considération, naissent une foule de résultats, qui lient ensemble tous les phénomènes de l'organisation des montagnes Volcaniques.

Il s'ensuit d'abord qu'avant l'abaissement de l'Océan sur la surface de la terre, il ne pouvait y avoir de Volcans. Les monts primitifs, qui forment la haute charpente du globe, étaient nés d'un premier incendie, essentiellement distingué, par son principe et par ses effets, de la petite fermentation de Pyrite qui a élevé le Vesuve, la Solfatare et les monts brulants des Açores.

Les matières minérales ne fermentent, par le contact de l'eau, qu'autant que celle ci agit sur des êtres hétérogénes : or la roche-vive, qui constitue la masse intérieure du globe, a trop d'homogénéité, pour que l'Océan, en la décomposant, puisse y faire naitre un foyer d'incendie : ainsi la mer avait depuis longtemps l'empire de notre demeure, et les monts secondaires projettaient déjà leurs cimes au dessus de ses vagues, quand les montagnes Volcaniques ont commencé leurs explosions.

S'il n'y a point de feu Volcanique, sans l'eau qui le prépare et qui lui sert d'aliment, il en résulte que toutes les montagnes, dont l'incendie ne s'éteint jamais, doivent être des Isles ; ou du moins des Péninsules.

En voyant des Volcans qui brulent encore, mais à des intervalles éloignés, vers le centre des continents, on peut en conclure, qu'il y a peu de siècles que l'Océan baignait leurs bases.

Enfin, à l'aspect des cratères sans explosion, des masses énormes de basaltes, posés sur des monts secondaires, et de ces immenses pavés de matières Volcaniques, connus sous le nom de chaussées des géants, on peut assurer qu'il y a des myriades de siècles, que le sol, qui porte tant de Volcans éteints au milieu de nos continents, était couvert des eaux de l'Océan.

Ce rapprochement de tant de phénomènes, que la physique jusqu'ici n'a considérés qu'isolés, peut fournir quelques éléments à la chronologie du globe

Mais ces idées générales, pour avoir quelque poids, doivent avoir pour base des faits et des expériences de détail.

Il est difficile, quand on a quelque notion de géographie souterraine, de ne pas pressentir le méchanisme de l'incendie, qui s'allume dans les entrailles du globe.

La Pyrite, seule en fermentation, ne forme, ni un feu violent, ni un feu durable : on ne la voit pas causer d'explosion dans les filons des montagnes primitives. Pour que l'incendie qu'elle fait naître, laisse des traces profondes dans la mémoire des hommes, il faut qu'il s'alimente de matières inflammables qui soient à sa portée, et ces matières se trouvent, avec une abondance dont l'imagination s'étonne, dans les montagnes à couches, que l'Océan a organisées lentement dans ses abymes.

A la tête des ces matières inflammables, il faut mettre ces détriments de substances végétales et animales, connus sous le nom vague de charbons de terre, substances qui, altérées par l'humidité, n'ont échappé à une décomposition totale, qu'au moyen de leur huile, que les acides ont convertie en bitume.

Ce charbon inflammable forme des lits immenses qui s'étendent à une grande profondeur. On connaît la mine de Witehaven en Angleterre, qu'on a ouverte jusqu'à 693 pieds ; il y en a, dans le comté de Namur, qu'on a fouillées jusqu'à 2000 : on est descendu dans celle de la montagne de Saint-Gilles au pays de Liége, jusqu'à 1073, et si on voulait l'exploiter par le sommet, on trouverait plus de soixante veines de ce charbon, ce qui conduirait à 3,458 pieds de profondeur perpendiculaire.

La quantité de mines de charbon inflammable, n'est pas moins étonnante que leur profondeur. Il est reconnu que, dans la seule étendue de la France, il y en a quatre cents en rapport, et ce nombre, si l'on en croit Buffon, ne désigne pas la dixième partie de celles qu'on pourrait exploiter.

Ces charbons fossiles sont d'une nature

si inflammable, que l'approche d'une simple lumière suffit quelquefois pour les embraser, ainsi qu'on l'a vû dans la mine Angluise de Pensnethcasen : souvent cette substance prend feu, au moyen des vapeurs mêmes qu'elle exhale, et quand ces embrasements spontanés commencent, ils durent jusqu'à ce que la mine soit consumée.

Si l'on doutait que le contact de la Pyrite, put incendier les charbons fossiles, il suffirait de répéter l'expérience de Lehmann. Ce Chymiste célèbre fit un mélange parfait de deux parties de Pyrite vitriolique et d'une de charbon, pulvérisés : après quelque temps de fermentation sourde, le mélange prit feu, exhala des flammes, et le charbon fut entièrement consumé.

Les bois fossiles, le Naphte, le Pétrole, la Poix minérale, sont, à cet égard, de la nature du charbon, et servent d'aliment aux incendies souterrains que la Pyrite prépare.

Il en faut dire autant de toutes les terres

qui renferment du souffre et de l'alun. Lehman va plus loin, et il veut que les embrasements souterrains, soient entretenus par la pierre de chaux si commune sur le globe, et par les ardoises.

La Terre, presqu'entière, sert donc d'aliment aux incendies Volcaniques : il est donc inutile de recourir à la chimére du feu central, pour expliquer, comment le tremblement de terre de Lima s'est fait sentir à Lisbonne; et quelle est la nature de l'embrasement des quarante-quatre montagnes Volcaniques, disposées autour de ce formidable Ftna, qui dévaste, par ses explosions, une Zône de cent quatre-vingt milles de circonférence.

Le feu interne, quand son ressort s'accroit par la résistance, décompose jusqu'à certaines matiéres primitives, qui ont déjà subi l'action de l'incendie originel du globe.

On sçait que des détriments de la roche vive, unis avec du fer, et fondus au sein des cratères embrasés, ont formé la Pouzzolane.

Nous avons appris par des expériences ingénieuses du commandeur de Dolomieu, que le Granit est la base de ces pierres ponces, dont les Volcans de Lipari fournissent toute l'Europe.

Un autre physicien qui a écrit avec beaucoup de méthode sur les Volcans, croit que le Basalte est la vraye matière Volcanique primordiale : or le Basalte a d'ordinaire pour base une terre Quartzeuse, combinée avec de la terre Calcaire, du fer et de la magnésie.

Les formes du Basalte annoncent un travail admirable dans les fourneaux de la nature. Il offre dans quelques provinces de l'Italie, en Irlande, en Auvergne et dans le Vivarais, des prismes triangulaires, quadrangulaires, pentagones, hexagones, octogones, d'une grande régularité : et ces prismes, combinaison variée d'une matière qui a subi dans le creuset des Volcans, une demi-vitrification, ont depuis deux pouces de hauteur jusqu'à trente pieds.

Ailleurs le Basalte présente une longue carrière formée de couches parallèles. Cette matière Volcanique, connue sous le nom de Basalte en Table, se rencontre assés communément dans les Volcans éteints de la Suède et du Vivarais.

Quelquefois le Basalte affecte une forme sphérique, comme dans l'énorme globe d'Ardenne, qui a quarante cinq pieds de circonférence.

Il en coute bien moins au feu Volcanique de décomposer les matières secondaires, produit des eaux, que les substances primitives, nées de la conflagration originelle du globe : mais comme des détriments de végétaux et de coquilles, ne sont pas refractaires comme de la roche vive, du Porphyre ou du Granit, il n'est point étonnant que leur décomposition dans le foyer des

Volcans, permette rarement de reconnaitre leur organisation élémentaire : au reste, l'examen des Volcans sousmarins achevera de tirer cette question de la classe des problèmes.

C'est du mélange des substances primitives, à demi vitrifiées, et des substances secondaires presqu'anéanties, que se forme le produit Volcanique homogène, qui est désigné sous le nom de Laves, par les voyageurs, comme par les naturalistes.

Il n'est pas encore temps d'examiner, quelle prodigieuse force expansive doit avoir le feu Volcanique qui s'allume dans les entrailles du globe, pour projetter hors de sa surface, tantôt le torrent de Laves embrasées, qui, à une époque inaccessible à nos recherches, combla, dans une longueur de deux cents pieds, sur une hauteur de près de quatre cents, le vallon d'Arlemde en Velay, tantôt le fleuve de matières en fusion, qui anéantit, pendant dix-sept siècles, Herculanum dans la mémoire des hommes.

Pour suivre les racines de notre théorie, de ramifications en ramifications, examinons d'abord, par quels canaux le feu Volcanique se propage dans le sein de la Terre, pour arriver au point, où les villes et les peuples disparaissent de sa surface.

DES CAVERNES SOUTERRAINES

PAR OU SE PROPAGE LE FEU VOLCANIQUE.

Tout fluide qui a quelque densité, s'il se refroidit après un long embrasement, offre à sa surface des boursoufflures et des cavités : on le voit distinctement dans les masses en fusion qu'on coule dans les fourneaux de verrerie, et encore mieux dans ces fleuves de feu qui descendent lentement du cratère d'un Volcan en éruption, pour former en s'éteignant des rochers homogènes au sein des mers.

Les cavités, nées de l'extinction graduelle du feu dans la roche vive, doivent, s'il y a peu d'écartement dans leurs parois supérieurs, être considérées comme des cavernes commencées, à qui il ne manque, pour être parfaites que la voute qui leur sert de couronnement.

Pour les boursouflures primitives du globe, ce sont des cavernes toutes formées, qui ont leur base, leurs parois et leurs voutes.

On sent que lorsque l'Océan descendit de l'atmosphère sur la surface du globe, l'énorme poids des eaux dut briser celles de ces voutes, qui n'offraient pas, dans tous leurs points, une égale résistance à la pression. Alors leurs ruines allèrent encombrer la partie supérieure de quelques unes des cavités de la roche vive, et y formèrent d'autres cavernes, destinées à être un jour le théâtre de nouvelles révolutions de la nature.

L'organisation des montagnes secondaires dans le sein des mers, préparera dans les entrailles du globe, d'autres anfractuosités.

Nous avons vu que la plupart d'entr'elles avaient des fentes verticales, produites par le desséchement des matières qui composent leurs couches horisontales : dessèchement qui dut s'opérer par dégrès, lorsque l'Océan descendit de leurs sommets à leurs racines.

Ces fentes perpendiculaires s'accrurent par l'action insensible des sources, qui filtrèrent au travers de tant de lits hétérogènes, et par la chute impétueuse des torrents, qui, en déracinant les rochers, leur firent quelquefois surplomber à une certaine hauteur les abymes qu'ils créaient : de manière qu'il en résulta des galeries, moins spatieuses, sans doute, que les cavernes de la roche vive, mais plus propres, par les substances inflammables dont leurs parois étaient revêtus, à propager le feu Volcanique dans les entrailles du globe.

L'incendie des Pyrites par le contact de l'eau, incendie qui s'accrut par l'aliment qu'il trouva dans le Naphte, le Petrole, les charbons fossiles et les substances alumineuses et sulphureuses dont les montagnes secondaires sont remplies, acquit bientôt la plus grande violence, par la force expansive de l'eau, réduite en vapeurs élastiques. Ce feu concentré, s'irritant des obstacles que tant de murailles naturelles opposaient à ses fureurs, brisa les plus faibles, établit des galeries de communication entre toutes les cavernes qui étaient à sa portée, et ne s'éteignit, qu'ens'évaporant dans des espaces immenses, ou en se frayant une issue à la surface du globe.

La géographie souterraine, qui nous a fourni un chapitre au commencement de cet ouvrage, est une science trop neuve encore, pour qu'on puisse se flatter d'écraser, par la masse des faits, le pyrhonisme des détracteurs de cette théorie. Cependant la nature, qui supplée sans cesse à l'insouciance de la physique, offre à nos yeux tant de cavernes et de galeries à quelque distance de la surface du globe, qu'on peut, par analogie, se faire une idée juste de la multitude de celles qu'il recéle dans ses entrailles.

Le royaume de Cachemire, dans les tems primitifs, était, suivant la tradition des Brames, submergé par les eaux d'un lac immense, qui ne trouvait aucune issue, à cause de la zône circulaire de montagnes qui entoure cette contrée : mais comme ce lac portait sur une caverne, quelque secousse violente du globe en rompit la voute : un gouffre s'ouvrit et le lac disparut.

Il y a, suivant le sçavant Gmelin, à peu de distance de Moscow, des terrains posés sur des cavernes, dont la filtration des eaux dégrade quelquefois assés la voute, pour que dans une seule nuit, le sol entier disparaisse, avec les édifices dont il est surchargé.

« A quelque distance de la Piana, fleuve
« de Russie, dit Pallas, on trouve des grottes
« et des traces d'éboulements, causées par
« les eaux souterraines qui entrainent les
« roches calcaires, et minent si bien le

« sol, qu'il finira par s'écrouler : on en
« voit au reste tous les ans des exemples
« terribles. Une cense entière du village de
« Kawara, a été engloutie avec ses habitants.
« On voit encore le gouffre où cette habi-
« tation a disparu. Il paraît que plusieurs
« lacs de cette contrée ont des passages
« souterrains : lorsque les poissons de l'un
« d'entre eux sentent l'approche des filets,
« ils se retirent presque tous dans un gouffre,
« dont on n'a pu encore calculer la pro-
« fondeur.

« Non loin de cette Piana est un rocher
« de Gypse, où s'est formée une grotte cé-
« lèbre, par la chute de gros blocs, que
« l'eau des sources intérieures de la mon-
« tagne a minées. L'entrée a de largeur
« douze pieds. Une grande crevasse s'étend
« en montant, depuis cette entrée jusques
« dans le cœur de la montagne.... Sous les
« fragmens du roc sur lequel on marche,
« on entend le murmure d'une eau cou-

« rante, qui tombe dans un lac situé entre
« le fleuve et la montagne. La galerie prin-
« cipale a plus de trente-cinq Archines de
« long, et elle conduit par une route voutée
« à la vaste caverne de l'intérieur du ro-
« cher... Cette caverne a quarante Archines
« de large sur plus de cent de longueur, et
« seulement sept à huit d'élévation. Les
« parois formés de Gypse blanc, de nature
« Sélénitique, offrent, quand on approche
« un flambeau, le spectacle d'un mur cé-
« leste parsemé d'étoiles.

On connait, dans la Carniole, la fameuse caverne d'Ardelsberg, dans laquelle on peut marcher plus de deux milles. D'un côté s'offrent des enceintes circulaires assés con- sidérables, pour qu'on put y bâtir des vil- lages, et de l'autre, de grands abymes dont l'œil craint de calculer la profondeur. La nature y a formé des colonnes, des ponts de pierre et jusqu'à des amphithéâtres.

Nous connaissons par Tournefort, la

grotte d'Antiparos, percée par la nature, à quinze cents pieds de profondeur, et qui en a 250 de large sur 200 de hauteur. C'est dans cette grotte que le sçavant naturaliste croyait avoir surpris le secret de la végétation des pierres.

Les voyageurs qui ont parcouru les ruines mémorables de la Grèce, ont vû, dans l'ancienne Achaye, les quarante galeries souterraines qui conduisent à la grande caverne, où se rendaient, dans un siècle à demi barbare, les oracles imposteurs de Trophonius.

C'est sur-tout, dans le voisinage des Volcans, qu'on rencontre le plus de cavernes. —
« Je visitais, dit le commandeur de Dolo-
« mieu, la vallée circulaire de l'isle Vulcano.
« Le premier coup de marteau que je don-
« nai sur les pierres, fit retentir un bruit
« sourd; mais si considérable que j'en fus
« presque effrayé. Ce bruit qui se propa-
« geait dans les cavités souterraines, me fit
« connaître que j'étais sur une espèce de vou-

« te assés mince, qui recouvrait un abyme
« immense, d'où sont sorties toutes les ma-
« tières, dont l'entassement a formé l'an-
« cienne et la nouvelle montagne, et sur
« laquelle repose le nouveau Cône. Le choc
« produit un bruit semblable dans toutes
« les parties de cette plateforme, mais plus
« ou moins fort, suivant l'épaisseur de la
« croute ; il faut cependant que cette voute
« ait de la solidité, pour qu'elle porte le
« poids de la nouvelle montagne.

De bons observateurs ont été jusqu'à prétendre, que la plupart des isles Volcaniques, telles qu'une partie de l'Archipel, les Açores, les Canaries, le Cap-Verd, et les Molucques reposaient sur des voutes qui cachaient d'immenses concavités.

Puisque le globe est ainsi miné, sous la majeure partie de sa surface, voyons les effets qui doivent résulter, quand la nature allume un feu dévastateur, qui se propage de lui-même dans ces immenses galeries.

DES TREMBLEMENS
DE TERRE.

La physique a longtemps déraisonné sur les tremblemens de terre, depuis l'instituteur d'Alexandre, qui en cherchait l'origine dans le souffle des enfans d'Éole, renfermés sous les voutes du globe, jusqu'à Cardan qui compte parmi leurs effets, deuxe cents roches ferrugineuses tombées du ciel, parmi lesquelles il y en avait qui pesaient cent vingt livres.

Les philosophes souvent interprètent mal la nature, parce qu'ils lui supposent une profondeur de vues inaccessible à nos recherches. La théorie des tremblemens de terre, est peut-être ici l'œuf de Colomb. C'est par la simplicité qu'on arrive à la vérité.

Du moment qu'il est démontré qu'il y a, dans le sein de la terre, une quantité incroyable de Pyrites, que le contact de l'eau fait fermenter : que l'incendie de ces Pyrites s'alimente de toutes les substances inflammables qui sont à leur portée, et surtout que le sol de nos mers et de nos continents est miné, sous presque tous les points de leur surface, il n'est pas difficile de trouver une origine aux commotions du globe : la solution semble résulter de la simple exposition du problème.

D'abord, malgré les préjugés sçavants, bien plus difficiles à déraciner que les préjugés vulgaires, il n'y a qu'un seul feu qui produise les tremblemens de terre et les Volcans.

Le globe, comme nous l'avons vû, a des cavités d'une grande profondeur, qui tantôt sont voutées et tantôt ne le sont pas. Les premières, connues sous le nom de cavernes, recèlent l'incendie, qui doit détruire Lima et Lisbonne; les autres, qu'on peut désigner sous le nom de galeries, servent de foyer aux cratères du Vésuve, de l'Hécla et du Pio de Ténériffe.

Ne considérons en ce moment que les cavernes, où se préparent les grandes commotions du globe.

Dès que l'incendie est allumé, à une des profondeurs où le globe est miné, il faut bien que l'air environnant se raréfie, et fasse effort, sous ces voutes souterraines, pour se mettre en liberté.

Et qu'on ne m'arrête pas, dès les premières lignes de ma théorie, en me contestant l'existence de cet air environnant, dans les profondes cavernes du globe.

Nous avons vû que la filtration de l'eau était nécessaire pour l'inflammation des Pyrites; or il n'existe point d'eau sans air, comme l'atteste la chymie, dans les expériences ingénieuses des Nollet, des Boërhaave et des Margraff.

D'ailleurs, il existe dans le sein de la terre des Volcans d'air, qui, comme les Volcans de feu, ont leurs instants de calme et leurs éruptions, qui secouent le sol où ils reposent, qui font entendre le fracas du tonnerre dans les antres où est placé leur foyer, et qui, dans leurs explosions, lancent jusqu'à une très grande hauteur les substances dont leur cratère se trouve obstrué.

Tous ces phénomènes se manifestent au mont Macalouba dans la Sicile : écoutons le physicien, qui a analysé avec le génie de Tournefort, l'Archipel de Lipari.

« Le 18 septembre 1781, dit le chevalier
« de Dolomieu, je me rendis à Macalouba ;
« j'y vis une montagne d'argile à sommet
« applati, dont la base n'annonçait rien de
« particulier ; mais, sur la plaine qui la ter-
« mine, j'observai le plus singulier phéno-
« mène, que la nature m'eut encore pré-
« senté.

« Cette montagne à base circulaire, re-

« présente imparfaitement un Cône tronqué;
« elle peut avoir 150 pieds d'élévation, et
« parait de la plus grande stérilité; on voit
« sur son sommet un très-grand nombre de
« Cônes tronqués, dont le plus grand peut
« avoir deux pieds et demi : ils portent tous
« sur leurs sommets de petits cratères, en
« forme d'entonnoirs, proportionnels à
« leurs Monticules.

« Le grand balancement qu'on éprouve,
« en marchant sur le sol, où ces cratères
« sont posés, annonce que l'on est porté
« par une croute assés mince, appuyée sur
« un corps à demi fluide : et en effet on
« reconnait bientôt, que la croute dont il
« s'agit recouvre réellement un vaste gouffre
« de boue, dans lequel on court le plus grand
« danger d'être englouti.

« L'intérieur de chaque cratère est hu-
« mecté : il s'en élève de petites sphères d'ar-
« gile délayé, qui s'ouvrent, pour laisser
« éclater une bulle d'air, qui fait tout le

« jeu de la machine : cette bulle crève avec
« bruit, et l'argile qui lui servait d'enveloppe
« coule, à la manière des Laves, sur les flancs
« du Monticule.

« Lorsqu'on enfonce un bâton dans un
« de ces cratères, il en ressort peu à peu
« et par secousses.

« Tel est l'état de la montagne en été :
« dans l'hyver, les Monticules coniques sont
« bientôt dissous : ils se rabaissent et se
« mettent de niveau : le tout n'offre plus
« qu'un vaste gouffre de boue et d'argile
« délayés. Un bouillonnement continuel
« se voit sur toute la surface, et l'air, n'ayant
« plus d'issue particulière, vient éclater
« partout indistinctement.

« Ces deux états n'existent que dans les
« périodes de calme de la montagne : elle
« a aussi des moments de fermentation, où
« elle présente des phénomènes qui ins-
« pirent la terreur. On éprouve, à une dis-
« tance de deux ou trois milles, des secousses

« de tremblements de terre : on entend des
« tonnerres souterrains, et après plusieurs
« jours de fermentation intérieure, il y a
« des éruptions violentes, qui élèvent per-
« pendiculairement, quelquefois à plus de
« deux cents pieds, une gerbe de terre et
« d'argile mêlée de pierres. Ces explosions
« se répètent, trois ou quatre fois, dans l'es-
« pace de vingt-quatre heures.

« L'éruption de de 1777, dut exciter l'at-
« tention des naturalistes : une demie heure
« avant le lever du Soleil, on entendit à
« Macalouba, un bruit sourd, qui croissant
« à chaque moment, surpassa le fracas du
« plus fort tonnerre : on vit ensuite trem-
« bler la terre voisine, et la bouche principale
« du Volcan d'air s'élargit, jusqu'à acquérir
« dix palmes de diamètre : il s'en éleva
« quelque chose qui ressemblait à un nuage
« de fumée, et qui parvint en peu d'instants
« à la hauteur de quatre-vingt palmes ; cette
« explosion contenait de la boue liquide

« et des morceaux d'argile, elle dura une
« demie heure et se repeta jusqu'à trois fois,
« avec quinze minutes d'intermittence.

« Cependant on entendait, sous le cratère,
« l'agitation des grandes masses, et, à la dis-
« tance de trois milles, un bruit semblable
« à celui de la mer en fureur. Les specta-
« teurs crurent que cette éruption annon-
« çait la fin du monde.

« Rien n'annonce, autour de Macalouba,
« la présence de l'élément igné qui est
« l'agent des Volcans ordinaires : j'ai mis
« la main dans la vase délayée des cratères,
« et dans les creux pleins d'eau, que je voyais
« bouillonner; et au lieu de la sensation de
« chaleur que j'attendais, je n'y ai trouvé
« que du froid: le thermomètre qui, a l'air
« libre, était à vingt-trois dégrés et demi,
« descendit de trois dégrés dans ces expé-
« riences. Nulle odeur de souffre, point de
« fumée, en un mot, je ne trouvai aucun
« vestige de feu dans la montagne.

« Ce fait bien constaté, il fallait recon-
« naitre, si, dans les grandes éruptions, il y
« avait le concours de l'élément igné, et
« s'il y jouait le principal rôle : mais je ne vis
« autour du Volcan, aucune matière dans la
« quelle le feu eut agi : j'en trouvai au
« contraire qui me prouvait que cet agent
» destructeur n'y avait pas existé.

« Tout me porte à croire, que l'air fixe
« qui se dégage est l'unique agent des phé-
« nomènes, dont j'ai été l'historien : on ex-
« plique par la même cause le bouillonne-
« ment des eaux d'un grand nombre de lacs
« et de fontaines, qui n'ont point par elles-
« mêmes un dégré de chaleur capable de
« produire cet effet : les lacs de ce genre
« sont communs en Sicile, et en général dans
« le voisinage des Volcans.

« On m'a attesté l'existence d'un autre
« Volcan d'air, auprès de Musulmeli, dans
« la même Sicile, qui, dans son éruption
« de 1778, bouleversa tout le sol sur lequel

« il reposait, et lança de l'argile à plus de
« cinquante pieds de son cratère.

Quelque longue que soit cette analyse, du
dernier chapitre du Voyage aux isles de
Lipari, je n'ai pu résister à l'envie de la
placer ici, parce que, non seulement elle
éclairait ma théorie des tremblements de
terre, mais encore qu'elle jette le plus
grand jour sur d'autres résultats de l'organisation du globe, qu'on trouvera dans le
cours de cet ouvrage.

Il y a donc de l'air sous les voutes intérieures du globe, et d'autant plus que l'eau
y filtre avec plus de facilité : dès que la
Pyrite s'enflamme, cet air se raréfie, et cause
parmi les murs de rochers, qui le circons-
crivent, les plus grands ravages.

On ne se fait pas d'ordinaire une idée
assés juste du point, ou peut s'étendre cette
raréfaction de l'air, causée par un feu qu'on
enchaîne. L'illuste Boyle a prouvé, par une
expérience ingénieuse, qu'une bulle d'air

égale à une goute d'eau, du moment qu'elle cesse d'être comprimée par l'atmosphère, peut, par sa propre énergie, être dilatée, jusqu'à occuper un espace treize mille sept cents soixante-neuf fois plus grand : ainsi une toise de cet air de Boyle en occuperait trois millions neuf cents soixante-cinq mille quatre cents soixante et douze : c'est-à-dire plus de dix-sept cents trente-six lieues.

Il faut bien qu'un feu, capable de donner à l'air une si prodigieuse raréfaction, se fasse une issue au travers des murailles que la nature lui oppose : car si la résistance était égale dans tous les points, une toise de feu comprimé, ferait sauter à la fin la Chaine des Cordilières.

Si l'on doutait de ce prodigieux ressort du feu, renfermé dans les entrailles du globe, il suffirait de considérer un moment, dans nos arsénaux, les phénomènes du mélange du nitre, du souffre et du charbon : mélange d'où résulte la poudre : la découverte à la

fois la plus utile pour l'homme en société
et la plus infernale.

Cette poudre, qui, au moment où elle détonne, occupe un espace quatre mille fois plus grand qu'avant d'être enflammée, s'organise quelquefois d'elle-même dans les vastes cavernes du globe. Nous avons vû le souffre naturellement amalgamé avec la Pyrite, base des feux Volcaniques ; nous avons observé que les bancs de charbons fossiles qui les alimentent, étaient innombrables. Pour le nitre, sel neutre, qui ne se fixe que sur des substances imprégnées de sucs végétaux et animaux, on sent avec quelle facilité il doit naître, sur les parois de ces immenses murailles, qui ont pour base des détriments de plantes marines et de coquillages. Quand aux doses précises, dont dépend l'action de cette poudre meurtrière, on peut s'en reposer sur les combinaisons infinies de cent siècles de mouvement interne dans les entrailles de la terre, de décompositions et de métamorphoses.

Qui sçait même, si l'or fulminant, mille fois plus dangereux dans ses explosions que la poudre, ne se combinerait pas quelquefois de lui-même dans les veines métalliques des mines ? cet or si bien nommé, parce qu'il présente les principaux phénomènes de la foudre, n'est qu'un précipité de ce métal, dissous dans le mélange de deux acides minéraux : et la nature peut, dans quelques circonstances rares, opérer ces mélanges et ces précipités, dans les filons des montagnes secondaires, comme nos Rouelle et nos Margraff dans leurs laboratoires.

Abandonnons les phénomènes rares, pour ne nous occuper que des explosions ordinaires des feux Volcaniques.

La décomposition des Pyrites entraine nécessairement la volatilisation du souffre dont elles sont imprégnées : de là ces exhalaisons meurtrières, qui, perçant l'enveloppe du globe, après les grands tremblements de terre, y propagent d'ordinaire les épidémies. C'est ainsi que dans le désastre de la Jamaïque, en 1692, où deux minutes de secousse suffirent pour renverser la ville de Port-Royal, trois mille infortunés s'étant retiré à Kingstown, le séjour le plus sain de l'isle, ils y périrent tous, d'une CONTAGION OCCASIONNÉE, disent les historiens du temps, PAR DES VAPEURS, QUE LA TERRE ENTR'OUVERTE EXHALA DE SES OUVERTURES.

Un des grands effet de ces vapeurs sulphureuses, est de détruire l'élasticité de l'air qu'elles empoisonnent : ainsi, quand une fois la force de l'incendie a détruit quelques-unes des barrières qui arrêtaient son explosion, l'air de l'atmosphère se précipite dans ces espaces vuides, avec une vitesse, qui, avant l'invention de la machine pneumatique, se refusait au calcul. Elle est reconnue aujourd'hui, par les expériences sur le vuide, de 889 milles par heure ; tandis que celle des tempêtes les plus violentes n'est que de cinquante milles dans le même intervalle. Cette théorie rend raison des commotions souterraines qui précèdent les tremblements de terre, et des ouragans extérieurs qui les suivent, quand le sol mobile des villes, qui se rencontrent dans leur direction, est renversé.

Tant que le feu Volcanique se trouve renfermé dans les cavernes du globe, il s'agite avec fracas, et ébranle, dans leur direction, les voutes sur lesquelles reposent nos continents. Malheur alors aux édifices immenses qui surchargent nos capitales ! ils éprouvent une destruction, en raison de leurs masses ; la cabane d'Irus n'éprouve qu'un mouvement d'oscillation, et le palais d'or de Néron est anéanti.

Cette commotion s'augmente, à proportion des vains efforts que fait l'incendie Volcanique, pour se procurer des issues.

Quelquefois des roches ébranlées se détachent, mais en s'écroulant, elles obstruent les soupiraux du feu, qui est forcé de s'ouvrir, à d'autres distances, de nouveaux passages : ce qui étend le théâtre de la destruction et de la mort.

Quand l'issue du feu Volcanique est du côté de la mer, il y soulève les flots ou y produit les tempêtes.

Quand les voutes des cavernes sont plus faibles sous les continents, il y gerce le sol aride des plaines, ouvre des gouffres dans des déserts, tarit un moment le lit des fleuves, élève des montagnes où il y avait des lacs, et forme des lacs où il y avait des montagnes.

Les tremblements de terre redoublent de violence, lorsque le feu Volcanique, communique à des galeries, où pénètre l'eau de l'Océan. Le fluide aqueux, réduit en vapeurs, acquiert alors une grande force expansive, et le sel ajoute encore à l'activité de l'incendie. Voilà pourquoi les secousses du globe font bien plus de ravages sur le bord des mers, que dans le sein des continents : le tremblement de terre mémorable de 1755, semblait avoir son foyer sous le port de Lisbonne.

D'ordinaire, la propagation des tremblemens de terre se fait, suivant la direction des hautes Chaines. C'est une observation qui n'a pas échappé aux Insulaires des Antilles : on sçait que les isles de cet Archipel ne sont que la prolongation sous-marine des cimes des Cordilières : et il est avéré à Saint-Domingue, à Cuba et à la Jamaïque, que toutes les fois qu'on y éprouve de fortes secousses, on est assuré, qu'à la même époque, la terre tremble au continent du nouveau monde.

Il est impossible à la physique moderne de déterminer, même par approximation, la route du feu Volcanique dans les tremblements de terre, parce que la géographie souterraine

souterraine est trop neuve encore, pour qu'on puisse se faire une idée de l'étendue des cavernes intérieures du globe, de leur nombre, et sur tout de la direction dans laquelle elles communiquent entr'elles. Le silence du philosophe est, à cet égard, le plus bel hommage qu'il puisse rendre aux œuvres sublimes et terribles de la nature.

Mais ce qui ne permet aucun prétexte au scepticisme, c'est la quantité innombrables de cavernes que recélent les entrailles du globe. La théorie des tremblemens du terre jette sur ce sujet effrayant, un grand trait de lumière.

Le célèbre naturaliste Hales, avoue, dans ses RÉFLEXIONS PHYSIQUES, qu'il est des commotions du globe, qui se font sentir progressivement jusqu'à mille lieues de leurs foyers.

Le tremblement de terre de 1692, que nous avons vû si fatal à la Jamaïque, ébranla, seulement en Europe, deux mille six cents lieues quarrées : et le fil de nos recherches nous conduira bien tôt, a fixer un plus grand théâtre encore aux ravages du feu Volcanique.

Cette prodigieuse propagation d'incendie, ne peut se faire qu'en supposant le globe excavé, et soutenu par des voutes immenses, sous la plus grande partie des points de sa surface.

L'évêque de Bergues, Pontoppidan, a cru que les cavernes, par ou se propageait le feu terrible, que nous tentons d'analyser, étaient distribuées par étages, dans l'intérieur du globe, comme la tour de Bélus, où les Pagodes de l'Indostan : mais le prélat-physicien, n'explique par cette théorie que les explosions perpendiculaires qui sont très rares, et non les explosions latérales, infiniment communes, de l'incendie Volcanique.

S'il était permis de comparer de petits

monuments de l'art des Grecs, aux grandes masses sorties de l'attelier de la nature, j'aimerais mieux me figurer le globe souterrain, divisé en vastes pièces voutées, qui communiquent entr'elles, comme le Labyrinthe de Crête. Cette disposition prête davantage à la propagation rapide d'un incendie, qui exerce, en quelques minutes, ses ravages sur une étendue de deux mille six cents lieues.

Et quand même ces cavernes du Labyrinthe de la nature, verraient, de temps en temps, leurs communications rompues par d'immenses massifs, l'effet de la propagation de l'incendie serait encore le même, grace à l'électricité qui doit régner dans les abymes du globe, encore plus que dans son atmosphère. Ces massifs recèlent dans leurs flancs des filons métalliques : leur parois calcinés par le feu, sont peut-être convertis en basaltes à base ferrugineuse : et voilà de vrais conducteurs, qui peuvent dans un instant presque indivisible, transmettre, à des distances immenses, le fluide électrique. Cette considération est faite pour rassurer des physiciens pusillanimes, qui, voyant le globe miné de toute part, et ne songeant pas à la solidité des piliers qui en soutiennent les voutes, craindraient à chaque instant d'être ensevelis dans ses abymes.

Pour achever d'éclairer sur la nature du feu Volcanique, lorsqu'il n'exerce son action que dans les cavernes voutées du globe, et non dans les galeries perpendiculaires, qui lui servent de soupiraux, il suffira de jetter un coup d'œil rapide, sur quelques uns des grands tremblemens de terre, qui ont désolé l'espèce humaine, depuis qu'elle a des annales.

Et d'abord, les présages sinistres de ces désastres, tenant d'un coté à la physique, et de l'autre à la morale, ne sont pas tout a fait indignes de nos crayons.

Quelques heures avant que le globe entre en convulsion, un point noir se forme quelquefois à un coin de l'Horison, s'étend peu à peu, et finit par envelopper le Ciel d'un voile, qui annonce les ténèbres et le silence de la mort.

Dans d'autres occasions, un vent impétueux, né de la raréfaction d'un air embrasé, tombe en raffales sur la surface de la mer, et va porter ses lames jusqu'aux créneaux des remparts des villes maritimes, qu'elles menacent de renverser.

Plus souvent le ciel est serein : la plus légère haleine des vents ne trouble point le repos de l'atmosphère : mais c'est un calme perfide : la lumière qui semble se décolorer, une exhalaison soporifique qui s'échappe du sol ou on repose, une sorte d'anxiété, née d'un mouvement indéfinissable d'oscillation, annonce à l'être sensible l'approche de sa destruction.

Les animaux, qui en général ont plus de

tact que nous, parce qu'ils sont plus près de la nature, témoignent par une vague inquiétude, qu'ils pressentent le désastre qui les menace. Nous sçavons par un voyageur, qui a quelque philosophie, qu'une demie heure avant un tremblement de terre, dont il fut témoin au Pérou, les chevaux hennissaient d'une manière effrayante, les chiens fesaient retentir la campagne de leurs hurlemens, et les oiseaux eux-mêmes peu tranquilles dans le vague des airs, entraient dans les maisons, et sembloient venir demander à l'homme, leur ennemi, un azile contre la tyrannie de la nature.

Nous avons très peu de mémoires sur les grands tremblemens de terre de l'antiquité, parce que les peuples qui pouvaient en écrire l'histoire, en ont d'ordinaire été les victimes.

Nous ne sçavons que par quelques lignes de Strabon, qu'une commotion du globe a séparé le mont Ossa du mont Olympe, et arraché la Sicile du continent de l'Italie.

Ce grand géographe du siècle d'Auguste, s'étend un peu plus sur le désastre de la Phénicie : la terre s'ouvrit, dans cette contrée, engloutit une ville entière, et renversa les deux tiers de Sidon une de ses métropoles : la même commotion se fit sentir en Syrie, aux Cyclades et jusqu'en Eubée, ou on vit tarir tout d'un coup les sources de l'Aréthuse.

Il y eut un tremblement de terre, le jour de la bataille de Trasimène, qui détruisit plusieurs villes en Italie : le lac parut alors couvert de flammes, et la terre ne se reposa qu'après cinquante sept secousses.

Le tremblement de terre de Modène, qui arriva environ 92 ans avant l'Ere vulgaire, ne mérite notre attention, que par une anecdote étrange, que toute l'authorité de Pline suffit a peine pour rendre vraisemblable. Il s'agit de deux montagnes, qui luttèrent entr'elles à la façon des athlètes, et qui en se retirant vomirent vers le ciel, des tourbillons de fumée et de flammes.

Celui qui arriva sous Tibère, est un des plus désastreux dont l'histoire ait conservé le souvenir : car il ruina, dans l'Asie mineure, douze grandes villes, telles que Sardes, Éphèse, Césarée et Magnésie : il ébranla la Sicile et la Calabre, et porta ses ravages jusques dans le Pont, où la terre s'étant entrouverte, laissa voir des squelettes d'une grandeur colossale, que le vulgaire put prendre pour les dépouilles des Typhée et des Encelade.

Le péril de Trajan, rendit très mémorable celui de l'an 115 de notre Ère vulgaire. L'Orient presqu'entier en fut ébranlé : Antioche se trouva détruite de fond en comble, et l'Empereur blessé, par les décombres des maisons qui s'écroulaient, ne sauva sa vie qu'en s'élançant d'une fenêtre.

Il y eut un désastre de ce genre en 558, dont l'Europe et l'Asie se ressentirent long-temps. Son foyer semblait être le long des deux rives du Bosphore : il y eut dans l'espace d'une heure cent cinquante villes endommagées : Nicomédie fut engloutie presqu'entière, et des tourbillons de flammes, élevés du sein de l'abyme qui se forma, dévorèrent pendant cinquante jours les débris de cette métropole de l'Orient.

Nous avons parlé du tremblement de terre, qui, au rapport de Saint-Augustin, renversa cent villes dans la Lybie.

Celui qui arriva sous l'empire de Valentinien I, mériterait encore plus notre attention, s'il fallait en croire Ammien Marcellin, qui assure qu'il se fit sentir dans tout le monde connu. Mais le MONDE CONNU, pour un historien qui avait épousé toute la vanité des Grecs du moyen age, n'était que le faible empire de Constantinople.

La commotion de 742, fut funeste à

l'Egypte et à l'Orient ; une seule nuit renversa six cents villes ou Bourgs : et la mer engloutit un grand nombre de vaisseaux dans ses abymes.

Je voudrais ne point parler du tremblement de terre de 750, qui forma un gouffre de deux milles d'étendue dans la Mésopotamie : parce que la crédulité historique a infecté ce récit, en ajoutant que des villes voyagèrent, l'espace de deux lieues, avec les montagnes, sur les flancs desquelles elles étaient adossées.

Il y a un peu plus de vraisemblance dans le désastre de 860, ou la mer, sortie de ses limites, ferma avec des sables une des embouchures du Rhin : la Syrie, la Perse et la Palestine furent ébranlées à la même époque, et il y périt quarante cinq mille hommes.

Ce n'est que sur des mémoires peu authentiques, que nous apprenons que les tremblemens de terre de 1146, de 1426 et de 1509, furent presqu'universels en Europe.

Le 30 Juillet 1626, à midi, une commotion qui ne dura que cinq heures désola Smyrne, Raguse et l'Italie, sur tout dans l'espace de deux cents milles. Toutes les villes qui se rencontrèrent dans la direction du feu Volcanique, entre autres San Severino furent renversées : ce fléau fut accompagné de montagnes qui se fendirent, de gouffres qui s'ouvrirent, et de lacs qui se desséchèrent : il coûta la vie à dix sept mille personnes.

L'année 1680, si célèbre par sa Comète, qu'on crut sur le point de tomber dans le Soleil, amena aussi un grand nombre de tremblemens de terre, sur les points les plus éloignés de l'Europe : tels que la Suisse, l'Italie, l'Islande et la Pologne. Son foyer semblait être en Espagne : la ville de Malaga y fut à demi renversée : les habitans se sauvèrent dans la plaine, mais ils y virent la terre s'ouvrir sous leurs pas, les montagnes s'écrouler, et des torrens inonder des contrées qui n'étaient auparavant que des déserts de sable.

Dix ans après, la terre s'agita dans les deux mondes : car d'un coté, il y eut trois secousses violentes à Lima, et de l'autre, une partie de l'Europe craignit une grande catastrophe. Bedfort en Angleterre, Laubach en Carnicle furent ébranlées, l'Allemagne sur-tout s'émut, dans la moitié de sa longueur et dans toute sa largeur, mais non dans tous les points de sa surface : car suivant les historiens, de deux maisons qui occupaient la même rue, l'une éprouvait un mouvent d'oscillation, et l'autre gardait son assiète.

J'ai eu occasion de parler du tremblement de terre de 1692, qui entraina la ruine de la Jamaïque : pendant que ce fléau désolait les Antilles, il séparait des montagnes, auprès de la ville de Clarendon en

Angleterre, il engloutissait trois villes au Pérou, et il ébranlait 2600 lieues quarrées de pays en Europe.

L'année 1703 fut désastreuse pour l'Italie, où quatre-vingt-dix, tant villes que villages, furent détruites ou au moins endommagées par les convulsions du globe: ce désastre s'étendit jusqu'au Japon, où Iedo, capitale de la Monarchie, fut détruite de fond en comble.

Les secousses de l'année 1730 ne bouleversèrent qu'une contrée en Asie, et une autre dans le nouveau monde: mais il en résulta une grande blessure pour l'espèce humaine; car pendant que d'un coté Sant-Jago se renversait, de l'autre, il périssait un million d'hommes, dans la seule ville de Méaco, ancienne métropole du Japon.

Le tremblement de terre de 1755, qui renversa Lisbonne et Méquinez, est certainement celui qui peut nous donner le plus de lumières sur la prodigieuse activité du feu Volcanique, et sur la quantité innombrable de cavernes intérieures qui le propagent. Ce grand chapitre, dans l histoire désastreuse des temps modernes, mérite quelques détails dans cet ouvrage.

Cette convulsion terrible du globe, avait été annoncée en Europe par des éruptions de l Etna et du Vésuve: en Asie, par un gouffre qui s'ouvrit à Cachan ville de Perse, et qui engloutit six mille édifices, et au nouveau monde, par le renversement de Quito, une des capitales du Pérou.

Le premier novembre de cette année si fatale, le feu Volcanique s'alluma presqu'à la fois, dans toutes les cavernes voutées qui soutiennent le sol mobile de l'ancien monde.

Le Portugal fut la première victime de la nature en travail. Sétuval se vit engloutir dans un abyme, et toutes les villes, dans une circonférence de vingt lieues ruinées; au même instant, la mer élevait ses vagues, à neuf pieds au-dessus des plus grands débordements : le mont Sisambre roulait dans ses abymes, et une seule secousse faisait écrouler douze mille édifices dans Lisbonne.

La Suisse presqu'entière partagea la secousse du Portugal, mais non pas ses désastres. Les eaux de presque tous ses lacs se soulevèrent : le Rhône bouillonna, au sortir de celui de Genève : la ville de Basle craignit un moment d'être détruite ; une partie de la chaîne des Alpes, qu'on nomme les montagnes de Lauterbroun, fut si fort ébranlée, que même les oiseaux de proye, quittèrent les cimes innaccessibles des rochers, pour chercher un azile dans une plaine que désolaient les ouragans et les avalanches.

La France fut ébranlée du coté de Lyon, de Bordeaux, d'Angoulême, de la fontaine de Vaucluse, mais sans éprouver de catastrophes.

L'Italie; la Hollande et les côtes d'Angleterre, partagèrent aussi le mouvement d'oscillation du globe: mais l'effet ne s'en apperçut que par les fleuves qui s'émurent, et les fontaines qui tarirent. Dans la première de ces contrées, le Lac Majeur éprouva un flux et un reflux, et un canal de Milan qui communique au Tesin, remonta vers sa source.

En Allemagne, plusieurs villes de Souabe, de Franconie et de Bavière, mais sur-tout Donawert, sentirent des secousses violentes, qui heureusement ne renversèrent aucun grand édifice.

La Suède et la Norwège, quoyqu'à une extrémité du continent, ne furent pas exemptes de terreur. Il y eut un mouvement extraordinaire dans leurs lacs, dans leurs fleuves, et jusques dans leurs mers: l'Islande même et le Grouëland virent leurs cabanes s'entrouvrir et leurs maisons s'écrouler, pendant que les Volcans ajou-
taient

taient à l'effroy public, par la violence de leurs explosions.

D'un autre coté, la trainée de feu Volcanique se communiquait du Portugal à l'Espagne qui l'avoisine. Le même jour où Lisbonne se renversait sur elle-même, les comtés de Niébla et d'Huelva, n'offraient déjà plus que des monceaux de ruines : le village de Guébijar, était enseveli dans un gouffre; Grenade, Cordoue, Malaga et Madrid étaient ébranlées jusques dans leurs fondements, et une montagne d'eau s'approchait de Cadix, pour la submerger.

Le même courant de flammes souleva les eaux du Détroit de Gibraltar, renversa un grand nombre d'édifices à Maroc, et après avoir détruit Mequinez toute entière, ouvrit, a peu de distance de ses débris, deux montagnes qui vomirent des torrents de fange dans la plaine où elles étaient assises.

Le foyer Volcanique avait des communications avec les cavernes soumarines ; car le même jour du premier novembre, l'Océan s'éleva autour de Madere à une grande hauteur : après quoy il baissa si considérablement, que l'on apperçut des rochers, dont les navigateurs n'avaient jamais soupçonné l'existence.

Si l'on jette un regard observateur sur tous les phénomènes, qui ont accompagné le désastre de Lisbonne, on en tirera quelques résultats, qui serviront à lier les parties en apparence les plus incohérentes de notre théorie.

Il parait d'abord que l'incendie Volcanique a eu encore plus d'activité sous les eaux, que sous la croute sèche de notre continent. En effet, son foyer était évidemment sous la mer, qui baigne les remparts de Lisbonne : il imprima un mouvement extraordinaire à tous les lacs de la Suisse : s'il effraya l'Italie, la Hollande et

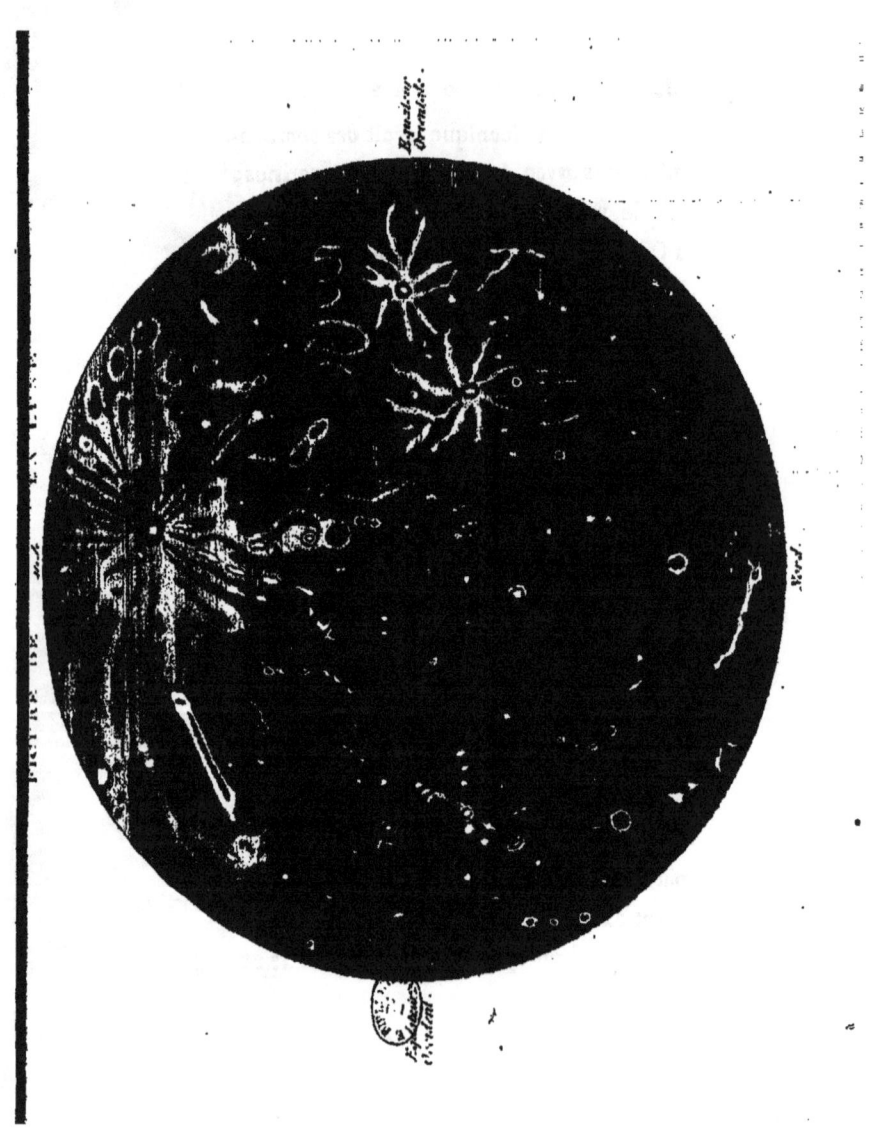

l'Angleterre, ce fut par leurs fleuves qui s'émurent, et leurs fontaines qui tarirent : il ne porta ses ravages en Afrique, qu'en traversant le détroit de Gibraltar, dont il souleva les vagues à plusieurs reprises : et il lui aurait été impossible d'atteindre les Isles de Madère et de l'Islande, sans l'intermède des cavernes sousmarines de l'Océan Atlantique, qui durent le propager.

Ce fut le même jour, et probablement à la même heure, que le feu Volcanique éleva d'effroyables montagnes d'eau, devant Cadix et autour de Madere : qu'il imprima au Lac Majeur en Italie, un mouvement de flux et de reflux : qu'il détruisit de fond en comble la capitale du Portugal, et une métropole de l'Afrique : et qu'attaquant les Alpes de la Suisse, il ébranla jusques dans leurs bases ; les cimes altières de Lauterbroun. Cette simultanéité, dans les ravages d'un tremblement de terre qui se porta à la fois sur des points si éloignés de notre continent, dénote que la plupart des cavernes souterraines tiennent entr'elles, comme les ramifications d'un arbre immense, et que les massifs qui conservent les autres isolées, sont par leur substance ferrugineuse de vrais conducteurs d'électricité.

Enfin, on peut juger de la force du feu Volcanique, par l'effroyable masse de terres et de mers qui éprouva son activité. Il y a environ trente cinq dégrés, ou 875 lieues, de la côte nord ouest de l'Islande, à la ville de Mequinez, que la commotion de Lisbonne renversa en Afrique. L'intervalle est encore plus grand, si on mesure une autre ligne dans la circonférence de ses dévastations : car on peut compter environ quarante dégrés ou mille lieues, de Madere à l'extrémité de la Norwége.

Tous ces résultats, que nous aurons plus d'une fois occasion de rappeller, sont autant de fils d'Ariane, qui peuvent nous aider a nous reconnaître, dans le labyrinthe inextricable de la structure du globe.

Après avoir examiné l'effet du feu interne, quand il s'exerce dans de vastes cavernes horisontales, il nous reste à l'examiner, quand il se crée des soupiraux dans des galeries perpendiculaires : ainsi la théorie des tremblemens de terre nous conduit naturellement à celle des Volcans.

DES VOLCANS
SOUMARINS.

On ne peut faire un pas dans l'intérieur du globe et sur sa surface, sans se convaincre que l'eau est l'aliment naturel du feu : que ces deux élémens se partagent l'empire de notre demeure mobile, et qu'après y avoir tout organisé, ils ont le pouvoir d'y tout détruire.

L'eau est le grand agent de ce monde végétal et animal, dont on trouve les détriments, à une si grande profondeur dans les entrailles de la terre : et il est difficile de croire que l'agent ne se trouve pas où on rencontre l'ouvrage.

C'est un fait reconnu, dans l'exploitation des mines, qu'à des profondeurs de quinze cents pieds, il s'élève quelquefois des espèces de Volcans d'eau, qui menacent de submerger les travailleurs, s'ils ne font pas mouvoir des pompes actives qui les épuisent. Soit que cette eau ait filtré, pendant une serie de plusieurs siècles, au travers des montagnes, qui appellent les vapeurs autour de leurs cimes: soit qu'à la descente primordiale de l'atmosphère sur la surface du globe refroidi, il se soit formé, entre la roche vive et l'enveloppe végétale, d'immenses réservoirs, il est certain que cette eau existe, et qu'à force de détremper la roche calcaire et de dissoudre la terre ferrugineuse, elle y a formé un grand nombre de cavernes secondaires, où le feu Volcanique trouve un aliment, quand il commence à s'épuiser, a force de s'étendre dans les grottes primitives.

La physique nous démontre que le feu, destitué de l'air qui le nourrit, est sans énergie; mais ici nos principes vont au devant du doute pour le dissiper. Il est reconnu qu'il n'y a point d'eau sans air ; ainsi, partout où cette eau se rencontrera, l'incendie Volcanique pourra secouer le globe, en se propageant dans d'immenses cavernes : ou s'élevant dans des galeries verticales, s'exhaler dans les cratères de l'Hécla, du Ténériffe et des Cordilières.

L'eau des cavernes secondaires s'entretient dans une évaporation continuelle, par le mouvement interne de ses parties élémentaires : ce qui doit augmenter le volume d'air qu'elle tient enchaîné : car quel est l'effet de cette évaporation, si ce n'est d'exécuter en grand notre ingénieuse expérience de l'Eolipile, ou un peu d'eau mise en expansion excite un orage artificiel ? ---- J'explique souvent les phénomènes d'une physique inconnue, par les expériences d'une physique qui est à notre portée : mais, dans l'ordre des probabilités, en est-il de plus heureuse que celle de l'analogie ? Sans elle croit-on que Von-Linné, Spalanzani ou

Newton eussent jamais soulevé le rideau qui nous cache l'attelier de la nature?

L'eau semble essentielle à la composition du feu Volcanique; et si elle coule sur des Basaltes ou sur des Laves ferrugineuses déjà incendiées, les explosions qu'elle cause, sont de la dernière violence : on peut en juger par la détonation terrible d'une goutte d'eau qui tombe sur du métal en fusion.

Le voisinage de la mer est donc très propre à entretenir le foyer de l'incendie, qui dévore les entrailles du globe : ce principe est a peu près démontré par la théorie des tremblemens de terre; il faut voir s'il peut s'appliquer à celle des Volcans.

La grande objection qu'on oppose à cette double théorie, c'est que les racines des Isles Volcaniques sont à une si grande profondeur dans l'abyme des mers, qu'il n'est pas vraisemblable que la nature ait allumé, à une si énorme distance de la surface du globe, l'incendie des cavernes horizontales, qui cause les tremblemens de terre, et celle des galeries perpendiculaires, qui produit les éruptions des montagnes de feu.

La réponse la plus simple au défaut de vraisemblance, est la vérité des faits.

D'abord, il y a des tremblemens de terre sousmarins, comme l'attestent d'excellents navigateurs : Shaw en 1724, étant à bord d'un vaisseau de guerre Algérien, en éprouva trois secousses violentes, dans un des parages de la Méditerranée, ou la sonde donnait plus de deux cents brasses. « L'expérience, dit
» Schouten, nous apprend tous les jours,
» qu'on en éprouve en pleine mer, dans
» des endroits ou on ne trouve point de
» fonds : et que, quand la terre tremble,
» les vaisseaux viennent tout d'un coup à
» se tourmenter, jusques dans les plages ou
» la mer était tranquille.

Mais la preuve la plus démonstrative, se

tire de la communication sous-marine de toutes les cavernes incendiées qui ont fait explosion, à l'époque des désastres de Lisbonne: il est bien évident que, si l'Océan avait intercepté cette traînée de flammes, jamais Mequinez, séparée de notre Europe par le détroit de Gibraltar, n'aurait été renversée: jamais Madere et l'Islande éloignées du foyer de l'incendie par un si grand intervalle de mers, ne se seraient ressenties de la dévastation du Portugal.

Cette communication est la même pour les galeries que pour les cavernes. Un consul de Lisbonne qui vit, en 1720, l'éruption d'une nouvelle Isle aux Açores, observa qu'à mesure qu'elle s'élevait au-dessus de l'Océan, le sommet du Volcan de Saint George dans l'Isle du Pic s'abbaissait, quoyqu'il y eut un intervalle de mer de plus de trente lieues entre les deux théâtres d'explosion.

A cette puissante induction, se joignent des preuves positives, qui mettent l'existence des Volcans soumarins à l'abry des atteintes du scepticisme.

Quand le Volcan d'une Isle embrasée, est en éruption, la mer qui l'environne se trouvant dans la sphère d'activité des vapeurs sulphureuses, qui pénètrent la base de la montagne, bouillonne et fume quelquefois; des Naturalistes l'ont observé en 1757, autour du rocher du Vulcanello, qui fait partie de ces Isles Æoliennes, où l'antiquité plaçait la résidence du dieu phantastique des vents et des orages.

Le chevalier de Dolomieu, qui parcourait les mêmes plages en 1781, confirme cette remarque de son suffrage. « Dans la
» mer même, dit-il, on reçoit l'impression
» du feu qui est sous le rocher: le sable,
» qui est recouvert par l'eau, conserve un
» grand dégré de chaleur; et il est des
» endroits, à quelque pas du rivage, où la
» mer est chaude, au point de causer une
» sensation douloureuse.

Non seulement l'eau, qui entoure les bouches à feu, annonce que l'incendie Volcanique se prépare sous le sol qui porte les mers, mais encore la nature des matières que vomissent les cratères embrasés, au moment de leur explosion.

D'abord, il n'est pas rare que les Volcans lancent des torrents d'eau de mer, dans le cours de leurs explosions. L'Etna, le Vésuve et les Cordilières l'ont fait à diverses époques. Lorsque le Monte-nuovo se rouvrit en 1631, il lança tant d'eau de son cratère, que le fleuve qui en naquit, déracina des arbres et noya une procession.

Écoutons, sur le Volcan de Luçon aux Philippines, un sçavant judicieux qui a voyagé de nos jours dans l'Inde, pour observer le passage de Vénus sur le disque du
» Soleil. A deux heures du matin, le Volcan
» commença à vomir tant d'eau, qu'il me
» fut impossible d'en apprécier le volume.
» Ce n'est que par ses dégats, qu'on peut

» s'en former une idée. Du village de
» Tiboga celui d'Albay, il se forma des riviè-
» res qui avaient de largeur trente vares;
» (un peu plus de soixante six pieds), et
» qui se rendirent à la mer avec la plus gran-
» de impétuosité... Un de ces torrents
» parcourut un espace de deux lieues,
» ravageant la plaine, et entraînant avec lui
» cinquante cases addossées à la monta-
» gne... Il y a toute apparence que ce
» volume immense d'eau est sorti des
» entrailles du Volcan... Les sables actu-
» ellement le rendent inaccessible.

Il ne faudrait pas nier ce phénomène, comme l'a fait l'abbé Nollet, dans un mémoire d'académie, sous prétexte que le fluide marin doit, par le contact du feu, être tout entier réduit en vapeurs. Il est aisé de concevoir, que, dès qu'un torrent s'introduit subitement sur la surface em-, brasée d'un foyer de Laves, il n'y a que la couche inférieure du fluide qui se raréfie ; et que celle-ci, occupant alors quatorze mille fois plus d'espace, à plus d'énergie qu'il ne faut, pour élever hors du cratère, les couches supérieures, sans avoir besoin de les réduire en vapeurs.

Quelquefois, à l'approche d'une explosion, la mer qui baigne les racines d'une montagne de feu, se précipite, comme je viens de le faire entendre, dans une galerie perpendiculaire, et oppose des torrents d'eau à des torrents de matières embrasées: une partie du fluide élancé retombe alors dans le fond du cratère, et se trouvant dans un état violent d'ébullition, y forme, sur le roc secondaire qui se calcine, sur les minéraux qui se fondent, sur-tout, sur la Lave qui s'organise, des dissolutions, des sublimations, et toute sorte de mélanges: delà les Brèches et les Pouddingues Volcaniques, que projettent le Vésuve ou l'Etna, et où l'eau a autant de part que le feu.

Si l'on pouvait douter que les galeries

perpendiculaires des Volcans, n'eussent leur base dans les abymes de l'Océan, il suffirait de parcourir les cabinets d'histoire naturelle, et de soumettre à l'analyse, les subtances minérales et autres, élancées, depuis un siècle et demi, des bouches à feu de l'Italie.

On a conservé des coquilles de mer, que le Vésuve, en 1631, vomit de son sein: du sel marin agglutiné contre les Laves pulvérulentes du cratère des Volcans: d'autre en Stalactite, adhérent à du sable élancé du Stromboli.

L'opération de la nature, se dévoile d'une manière non moins sensible, dans les dépouilles marines pétrifiées, qu'on a trouvées au sein de la pierre ponce, sortie du cratère de la Ronca, et dans les ossements de baleine, qui sont incrustés avec la pouzzolane, que la plaine de Roux, dont le sol est Volcanisé, renferme dans ses catacombes.

Il faut bien que le laboratoire, où les éruptions des Volcans se préparent, soit de niveau avec le sol des abymes de l'Océan, pour que les matières embrasées, qu'ils projettent depuis tant de siècles, ne s'épuisent jamais : en vain le père de la Torré a t il employé quatre pages in-quarto de calculs mathématiques, pour prouver que toutes les substances vomies, depuis l'époque de la création, du cratère du Vésuve, étaient renfermées dans le sein de cette montagne : le sçavant baron de Diétrich a eu raison de lui répondre, que d'après cette hypothèse la partie serait plus grande que le tout : et certainement, à ne calculer que d'après les sept mille ans de la Cosmogonie de Moyse, il est sorti, des diverses éruptions du Vésuve, de quoi composer vingt montagnes de sa hauteur et de sa circonférence.

Il est donc bien démontré qu'il y a des Volcans sousmarins : et qui sçait, si le fil de nos recherches ne nous conduira pas à prouver qu'ils le sont tous ? alors les Volcans éteints seraient ceux, dont la mer a depuis longtemps abandonné la base : et nous aurions une donnée de plus, pour résoudre le problème de la chronologie du globe.

Tous les phénomènes dans l'histoire naturelle, ne sont que les anneaux d'une grande chaîne, dont la nature tient l'extrémité : ce n'est qu'à force de lier ensemble ces phénomènes épars, que nous pourrons nous flatter, d'arriver quelque jour au dernier chaînon, qui semble la clef de tout le système des êtres.

Nous avons vû que le globe était miné, sous la plus grande partie des points de sa surface : qu'un feu dévastateur parcourait, dans toutes les directions, ses cavernes et ses galeries : que la base des dernières, atteignait à la plus grande profondeur de l'abyme des mers. Combien de résultats ne naissent pas de la connexion de toutes les parties isolées de cette théorie! ne nous arrêtons en ce moment que sur un seul d'entr'eux : sur la force immense que dut avoir l'incendie interne du globe, dans les premiers ages, pour projetter hors des mers les masses énormes des isles Volcaniques,

DU MÉCHANISME DE LA NATURE
DANS LA PROJECTION
DES ISLES VOLCANIQUES.

Nous ne marchons déjà plus sur le sable mouvant des systèmes. Graces aux faits qui s'accumulent, le sol tremblant s'affermit sous nos pas, et nous pouvons marquer de loin en loin, dans la route éternelle des temps, quelques colonnes numéraires, qui serviront à d'autres philosophes, pour atteindre les limites de notre monde.

Il se présente d'abord à l'esprit observateur un grand principe, neuf à beaucoup d'égards, et dont la suite de cet ouvrage fera appercevoir l'admirable fécondité.

Plus on remonte à l'époque primitive de l'organisation du globe, plus on voit la nature mettre d'énergie dans ses moyens et par conséquent dans ses effets.

Jamais cette nature n'eut plus d'activité, que lorsque le globe projetté, par l'ordonnateur des mondes, dans la tangente de son orbite, commença à rouler sur son axe : aussi c'est alors qu'en déployant la seule force centrifuge de la matière en mouvement, elle lança, du centre de notre Planète à sa circonférence, l'énorme massif de ses montagnes primordiales.

Le premier incendie s'affaiblit : et il en naquit un autre, de la fermentation des Pyrites, occasionné par la descente de l'Océan qui formait une atmosphère : ses effets furent moins terribles : il n'en résulta pas la projection du Caucase ou des Cordilières : mais il eut encore assés de violence pour lancer en masse des Archipels Volcaniques, tels que les Molucques ou les Maldives.

A mesure que l'Océan vit circonscrire son empire sur la surface du globe, il y eut une lutte moins forte, entre l'élément de l'eau et celui du feu ; alors l'incendie des Pyrites perdit de son activité : ses flammes, jusqu'à ce moment captives dans les cavernes, s'ouvrirent mille issues diverses dans les galeries ; toutes les montagnes marines élevées au dessus des eaux, se créèrent des Cratères et eurent des explosions. Le feu Volcanique, évaporé par tant de bouches, perdit la puissance qu'il avait, à une époque antérieure, de projetter hors des mers des masses telles que des Archipels, et il n'eut plus que la force d'élever de petites isles de Santorin, ou de faibles montagnes ardentes, comme le Monte-Nuovo de l'Italie.

Il est aisé de voir que le feu interne de la terre va toujours en se dégradant. Déjà la retraite des mers a éteint une foule innombrable de Volcans dans notre Europe, tels que ceux de l'Islande, du centre de l'Italie, des environs du Rhin, de la Bohême, de l'Auvergne et du Vivarais. Le temps n'est pas loin, ou l'Etna et le Vésuve cesseront de couvrir de laves les villes qu'on a eu l'imprudence d'asseoir à leurs pieds; et ce grand événement sera la suite naturelle de la réunion de la Sicile au continent de l'Italie, sans que l'imposture sacerdotale ait besoin d'étendre à Palerme le voile de sainte Rosalie, ou de faire liquéfier à Naples le sang de Saint Janvier.

Et quand le globe, privé de l'humide radical, qui entretenait, dans ses substances végétales et animales, les principes de la vie, n'offrira plus qu'un sol aride et une roche inerte, sur toute sa surface, le feu qui dévorait ses entrailles se trouvant sans aliment, soit dans les cavernes soit dans les galeries, achevera de s'éteindre : c'est alors que notre Planète impuissante et cadavéreuse commencera sa longue décrépitude.

L'ensemble de mon vaste édifice m'a entraîné : j'ai oublié un moment que je parlais à des philosophes, qui veulent l'éloquence des faits encore plus que celle des phrases. Je reviens donc sur mes pas, et je vais examiner à part chacune de mes colonnes, pour m'assurer si elle a les proportions nécessaires, pour former le pérystile du temple de la nature.

J'ai dit que le feu interne du globe projetta, il y a des myriades de siècles, hors de l'Océan, la masse épouvantable des Archipels Volcaniques : quels manuscrits du monde primitif m'ont donné le droit d'écrire ces premières pages de notre histoire ?

Mon raisonnement est bien simple. Ce que la nature fait en petit sous nos yeux, à l'époque voisine de sa vieillesse, elle a pu le faire en grand dans l'âge vigoureux de son adolescence.

Il n'est pas rare que le Vésuve lance de son cratère des rochers du poids de vingt quintaux : le chevalier Hamilton dit que, dans l'éruption du dernier mars 1767, une masse pareille s'éleva à deux cents pieds de la bouche du Volcan : le père de la Torré plus hardi, calcule que la hauteur était de près de douze cents.

Il y a, parmi les Volcans éteints du Puy en Velay, d'énormes massifs, composés de Laves poreuses, de fragments de basalte, de noyaux de roche vive, et de nœuds de pierre calcaire altérée : le tout fortement agglutiné par une espèce de sable, attaqué lentement par un feu plein d'énergie. Ces massifs portent évidemment l'empreinte d'une éruption Volcanique, faite tout à la fois du sein des eaux : et l'on peut juger de la puissance d'un incendie pareil, par le volume des roches qu'il a projettées. L'ingénieux Faujas, qui a levé le premier le voile, sur l'étendue de notre France Volcanique, donne cinq cents pieds de hauteur perpendiculaire au mont Corneille, mas[s]e de ce genre, sur laquelle la ville du Puy est bâtie. A quatre cents pas de là, est le roc Saint Michel, qui n'a, il est vrai que 170 pieds de diamètre, dans sa plus grande base, sur deux cents d'élévation, mais qui présente un tableau encore plus pittoresque. Il a fallu tailler, dans le Basalte, un escalier inégal, de plus de deux cents cinquante marches, pour atteindre jusqu'au sommet de ce grand obélisque de la nature.

Si l'éloignement prodigieux où nous sommes de l'époque, où la France, couverte des vagues de l'Océan, n'existait que par les pics de ses montagnes, nous empêche de reconnaître, dans la structure du mont Corneille et du roc Saint Michel, des traces de leur projection en masse, par la force du feu Volcanique, nos doutes se dissiperont à la vue du Volcan des environs de Naples, connu sous le nom de Monte-Nuovo. Les relations du temps attestent, qu'il s'éleva tout entier, la nuit du 29 au 30 septembre 1538, au milieu d'une plaine riante et couverte des trésors de la végétation. Il fallait que la force de projectile fut encore immense, il y a deux siècles et demi, puisque le Monte Nuovo a deux mille quatre cents pieds de hauteur, sur une lieue et demie de circonférence.

Au reste, depuis qu'il y a parmi les hommes une histoire écrite, on nous a conservé le souvenir de vrayes Isles, élevées subitement du sein des mers, par des explosions Volcaniques. Quelques détails choisis sur ces espèces de créations du feu, rameneront peut-être l'intérêt, sur les spéculations arides de notre histoire primitive du globe.

Le grand géographe Strabon s'exprimait ainsi, au siècle d'Auguste, qui n'était pas celui de la crédulité : « au milieu de l'in-
« tervalle, qui sépare les isles de Théra et de
« Thérasie, il sortit du fond de la mer, des
« flammes, pendant quatre jours, ensuite on
« vit s'élever des abymes, de grandes masses
« qui paraissaient lancées comme par des ma-
« chines: leur réunion forma en peu de temps
« une Isle de douze stades de circonférence ».

Il est très-vraisemblable que cette Isle,

lancée, comme avec les machines d'Archimède, est celle d'Hyéra, aujourd'hui Vulcanello, une de celles de l'Archipel de Lipari, qui faisait partie de l'empire imaginaire d'Éole.

« Autrefois, dit le célèbre instituteur de Néron, quand il se forma dans la mer Egée une Isle nouvelle, (l'ancienne Thérasie, aujourd'hui Santorin), on vit, au rapport du philosophe Possidonius, la mer écumer pendant le jour, et rejetter une noire fumée du fond de ses abymes : ensuite, elle lança des feux qui brillaient par intervalles, toutes les fois que la flamme Volcanique surmontait le poids du fluide, qui baignait le sol de l'éruption ; bientôt on vit des rochers énormes lancés dans l'atmosphère, les uns encore intacts, parce que le vent les avait projettés avant leur calcination, les autres rongés et réduits à la légèreté de la pierre-ponce. Enfin parut la cime embrasée d'une montagne, qui s'aggrandit par degrés, au point de former une

Isle. Ce phénomène s'est renouvellé de nos jours, sous le consulat de Valerius Asiaticus... Asclépiodore, disciple de Possidonius, dit que la masse d'eau, que le feu divisa pour s'élancer, avait deux cents pas de profondeur ».

Philostrate n'est pas moins affirmatif que Sénèque; ce philosophe s'exprime ainsi, dans la vie de son héros, Apollonius de Tyane :

« Ce sage s'entretenait avec des personnes, que la religion conduisait au temple, lorsqu'un grand tremblement de terre secoua toute la Crête. Le tonnerre qui l'accompagna, semblait venir de la terre et non des nuages. La mer se retira de sept stades, et l'effroy public fit appréhender qu'elle n'entraînât avec elle le temple du dieu et ses adorateurs. Mais Apollonius s'écria : NE CRAIGNEZ RIEN, C'EST LA MER QUI A ENFANTÉ LA TERRE. On crut qu'il avait voulu exprimer la concorde des élémens; mais peu de temps après, on apprit de Cydonie, que le même jour et à la même heure, que la terre avait tremblé, une Isle était sortie de la mer, dans le détroit qui sépare Théra de la Crète ».

Il fallait que ces parages fussent singulièrement Volcaniques : car l'an 726 de notre Ere vulgaire, les faibles écrivains de l'histoire Byzantine y virent renouveller la même merveille. Les eaux de la mer commencèrent par bouillonner : on entendait, à de courts intervalles, le tonnerre gronder sourdement au fond des abymes : ensuite il s'éleva des roches embrasées, qui s'unirent ensemble et formerent une masse continue : pendant que des pierres ponces, élancées à une hauteur prodigieuse et retombées dans la mer, furent poussées par les vents du midi, d'un côté, dans l'Hellespont, et de l'autre sur les côtes de la Macédoine.

Lazzaro Moro, un des grands apôtres du feu, a publié en 1740, un ouvrage long-temps célèbre, sur les coquillages des montagnes, où sur la foy d'une lettre de Condilli, au grand naturaliste Vallisnieri, il donne des détails infiniment curieux, sur la naissance d'une Isle nouvelle, dans le golfe de Santorin : on en jugera par l'analyse.

« Le 23 mars de l'année 1707, au lever du Soleil, on observa, dans le golfe de Santorin, une espéce de roche flottante, qui fut prise, au premier coup-d'œil, pour un navire qui avait fait naufrage. Quelques hommes de mer allèrent reconnaitre ce prétendu vaisseau : mais quelle fut leur surprise, quand ils s'apperçurent que c'était un écueil, qui commençait à sortir du fond de la mer ? Le jour suivant, des curieux eurent l'audace de débarquer sur l'écueil même, qui était en mouvement et croissait d'une manière sensible : ils en rapportèrent des productions marines, entr'autres des huitres d'une grandeur extraordinaire : il y avait sur le rocher des pierres-ponces ».

« Deux jours avant cet évènement mémorable, il y avait eu, dans l'isle de Santorin, un tremblement de terre, qu'on ne peut attribuer qu'aux efforts de la nature, pour détacher cette grande roche cachée à nos yeux, depuis tant de siècles. L'écueil continua à croître, jusqu'au 4 juin, mais sans bruit : il occupait alors un demi mille de longueur, et s'élevait de vingt cinq pieds sur le niveau de la mer. L'eau ambiante était très trouble, par le mélange d'une quantité prodigieuse de matières hétérogènes, qui sortaient jour et nuit du fond de ces abymes. On distinguait entre ces substances, des minéraux, qui s'annonçaient assez par des couleurs variées, projettées jusqu'à la surface de la mer. Le souffre les dominait toutes, et il s'étendait jusqu'à une distance de vingt milles. On appercevait dans les vagues, qui battaient contre l'écueil, une grande agitation, et une chaleur sensible qui fit périr beaucoup de poissons sur ces parages. »

« Le 16 juillet, on vit distinctement, auprès

près de l'Isle nouvelle, une chaine de roches noires qui sortaient du fond de la mer, au nombre de 17, distinctes les unes des autres, mais qui paraissaient devoir se réunir. Deux jours après, à quatre heures après midi, on apperçut pour la première fois une épaisse fumée, s'élevant en tourbillon, comme du sein d'une fournaise ardente; et on entendit en même temps un bruit souterrein, qui semblait venir de la terre nouvelle : mais à une trop grande profondeur, pour qu'on pût en distinguer toutes les inflexions. Plusieurs familles saisies d'effroy, allèrent chercher un azile dans les autres Isles de l'Archipel. »

« Le 19 juillet, la chaine de rochers s'organisa entièrement, et forma une autre Isle, de laquelle il sortit aussi de la fumée, qui s'accrut, à mesure que l'Isle augmentait de circonférence. Le feu vint ensuite, et il s'exhala avec lui une odeur fétide, dont le pays entier fut infecté. »

» Au mois d'aoust, une fumée épaisse

» se joignit, dans l'atmosphère de l'Isle de
» Santorin, à des nuées salines d'une gran-
» de densité, et détruisit en trois heures
» tout le raisin qu'on était sur le point
» de vendanger.

» L'Isle Blanche, la première qui prit
» naissance, recommença de nouveau à
» s'élever, et les roches noires à s'étendre,
» de façon qu'à un intervalle assés court,
» tout se trouva réuni.

» Le feu s'était pratiqué diverses bou-
» ches, par lesquelles, avec le fracas de la
» plus forte artillerie, s'élançaient dans
» les airs une grande quantité de pierres
» ardentes: il y en avait qui s'élevaient si
» haut, que l'œil le plus actif les perdait
» de vue, et elles allaient retomber jus-
» qu'à trois milles de distance. Ces ex-
» plosions terribles, rares d'abord, devin-
» rent fréquentes en septembre, et jour-
« nalières en octobre. Quand elles arri-
» vaient, on voyait une espèce d'incendie

» sur les ouvertures, que suivait bientôt
» une fumée horrible, mêlée de cendres:
» delà des nuages de diverses couleurs,
« et d'une prodigieuse densité ; dans d'au-
» tres momens, les explosions paraissaient
» de cendres en feu, ou de pierres embra-
» sées d'une grosseur médiocre, mais si
» abondantes, qu'en retombant elles cou-
» vraient la petite Isle, et y produisaient
» une illumination moins faite pour re-
» paître la curiosité, que pour inspirer
» l'effroy.

» L'Isle à cette époque, avait quarante
» pieds de hauteur, sur le niveau de la
» mer, et environ trois milles de circon-
» férence.

» Le Père Gorée, qui se trouvait au
» mois de may 1708, à Santorin, jugea
» que l'Isle nouvelle s'était accrue de cent
» pieds de haut, d'une lieue Anglaise de
» largeur, et de six de tour. Elle aug-
» menta encore jusqu'à l'année 1711.

» A l'époque de 1708, on comptait
» soixante trois ouvertures, par où s'ex-
» halaient des flammes assés lumineuses,
» qui annonçaient l'éruption de gros ro-
» chers. Le quinze d'avril, au moment
» d'une violente secousse, il y en eut près de
» cent, qui s'élancèrent à la fois dans les airs,
» et retombèrent heureusement dans la
» mer, jusqu'à deux lieues de distance. »

Un fait aussi circonstancié, nous dispense d'ajouter de nouvelles teintes, au tableau d'un des plus grands phénomènes de la nature : ainsi, il est inutile de s'étendre sur la manière dont un incendie soumarin, tira en quinze jours, auprès de l'Isle de Saint Michel, d'un fonds de mer de 900 pieds, un écueil d'une lieue et demie de large, sur 360 pieds d'élévation, au dessus du niveau des eaux. C'est par le même motif, que nous ne nous reviendrons pas sur la naissance, en 1721, de 'écueil Volcanique des Açores.

On peut voir, d'après tous ces récits, qui forment, depuis Strabon jusqu'à nous, une chaîne de dix huit cents ans d'observations, quel concert étonnant il y a, dans tous les historiens, sur les phénomènes qui ont accompagné l'érection des Isles Volcaniques, et combien tous les faits qu'ils déposent, se concilient singulièrement avec notre théorie.

D'abord, les tourbillons de flammes, qui, suivant tous ces récits divers, percent avec violence la masse des eaux, annoncent évidemment l'existence d'un incendie, dont le foyer est sous le sol qui porte le poids des mers.

Que désigne ensuite ce tonnerre du philosophe Philostrate, QUI SEMBLE VENIR DE LA TERRE ET NON DES NUAGES: ou celui des historiens de la Byzantine, QUI GRONDE SOURDEMENT AU FONDS DES ABYMES, si ce n'est la détonation subite des matières embrasées, avant de s'ouvrir un passage au travers de la voute, qui sépare la mer, du foyer de l'incendie ?

Presque toutes ces éruptions d'Isles Volcaniques, sont précédées de tremblements de terre : ce qui achève de démontrer, que le feu interne du globe, qui a renversé Messine et Lisbonne, est le même que celui qui se déploye par les bouches de feu du Vésuve, du Ténérifle et des Cordilières. Quand il trouve assés d'espace dans les cavernes horisontales, pour se développer, il les secoue avec violence, et voila un tremblement de terre : quand l'accumulation des matières qui s'enflamment, se joint à l'énergie de l'air raréfié, il se crée une issue extérieure, en brisant la voute d'une galerie verticale, et voila un Volcan.

L'identité du feu des tremblements de terre, et de celui des Volcans, est si vraye, qu'on remarque presque toujours que les premiers s'appaisent, quand les autres s'ouvrent. Les Transactions Philosophiques de la Société Royale de Londres, l'ont observé par rapport à l'Isle Saint-Christophe, les annales de la Sicile annoncent qu'en 1537, un affreux tremblement de terre dévasta cette belle contrée, pendant douze jours, et que ce fléau ne cessa que par l'ouverture d'une nouvelle bouche à feu de l'Etna, qui brûla tout ce qui tenait à la végétation, dans une Zône de cinq lieues, autour de la montagne.

L'explosion de toutes les Isles Volcaniques, dont on vient de lire l'histoire, ne s'est point faite lentement, et par l'accumulation successive d'un dépôt de Laves, sur les bords supérieurs d'un Cratère, comme on le voit journellement aux éruptions du Vésuve. Dans le texte de Sénèque, ce sont des rochers énormes, la plupart intacts et non calcinés, que projette la mer; suivant le récit de Strabon, ce sont de grandes masses, qui semblent lancées avec les machines d'Archimède : les historiens de l'empire Grec, nous représentent l'éruption de leur Isle, comme la réunion de roches embrasées qui forment un écueil continu : le germe de la grande Isle de Lazzaro-Moro, est une montagne flottante, qu'on prend de loin pour un vaisseau qui vient de faire naufrage.

Le peu de temps que le feu sous-marin a mis, à projetter toutes ces Isles Volcaniques, vient encore à l'appuy de cette grande observation : si l'écueil de Lazzaro-Moro a employé près de quatre ans, à devenir une Isle de plus de six lieues de tour, celui de Saint-Michel, s'est organisé en quinze jours : il en fallut probablement encore moins pour projetter hors des eaux l'Isle de Senèque, et un jour suffit pour faire naître celle de Philostrate.

Il eut été à souhaiter, que tous nos historiens se fussent accordés à calculer la profondeur de la mer, dans les parages ou sa fit l'éruption des Isles Volcaniques: mais le mot de l'instituteur de Néron, que LA MASSE D'EAU, QUE LE FEU DIVISA POUR S'ÉLANCER, AVAIT DEUX CENTS PAS DE PROFONDEUR, et la certitude où nous sommes, d'après les mémoires de l'Académie, que l'écueil de Saint-Michel, s'éleva d'un fonds de neuf cents pieds, donnent toujours une grande idée de l'énergie de ce feu interne du globe, même à l'époque où il penche vers sa vieillesse.

Un phénomène infiniment important dans la description de Lazzaro-Moro, c'est que les bouches à feu ne se formèrent dans son Isle, que lorsque la masse entière fut élevée; l'Isle était déjà depuis long-temps projettée hors des eaux, quand les Volcans y naquirent.

Ce grand fait dans l'histoire de la nature, conduit à distinguer deux produits dans l'explosion du feu Volcanique: l'un primitif, est la projection d'une Isle nouvelle, l'autre secondaire, est la formation d'un Cratère enflammé dans les flancs de ses montagnes.

Il peut y avoir des projections d'Isles Volcaniques sans Volcans. On le voit évidemment dans les Isles de Strabon, de Sénèque et de Philostrate. Ce n'est que parce que les matières embrasées s'accumulent encore dans le foyer primitif, qu'après que l'Isle a percé la masse des mers, il s'y forme des bouches ardentes, par où s'échappe l'incendie qui dévorait sa base.

De là il résulte une vérité neuve, que notre théorie avait déjà fait pressentir : c'est qu'il existe dans le feu interne du globe, une force expansive assez énergique, pour projetter des masses énormes hors du sol qui les soutient : quand la nature s'affaiblit, ces masses sont des écueils Volcaniques ; quand elle est dans toute sa vigueur, ce sont des Archipels.

Et quand je me sers du mot de projection, pour expliquer ce grand phénomène, je suis loin de croire que le feu Volcanique lance, du fond de l'Océan, des Isles à sa surface, comme Typhée et Encelade lançaient, du fond de la Thessalie, des montagnes au trône de Jupiter : il est absurde d'imaginer que l'Islande ou la Sicile, séparées de leur ancienne base, par un grand intervalle de mers, se soutiennent sur la surface des eaux, à la manière des petits écueils en pierre ponce, que Jason vit flotter, à l'entrée du Pont Euxin, lorsqu'il se fit le chef des Argonautes.

Les isles Volcaniques, d'après les loix éternelles de la pésanteur, qui les empêché de surnager sur un fluide, tiennent évidemment au sol sous-marin d'où elles ont été projettées : il ne s'agit que d'examiner quel a été le méchanisme de leur projection, d'après cette hypothèse.

Le feu Volcanique n'a pu soulever un mont Etna, en le détachant de sa base, comme nous soulevons un bloc de marbre, avec le Cric des architectes : car cet instrument sert d'appui, contre le poids du marbre, à mesure qu'il le surmonte : on sent assés que du moment que les forces mouvantes cesseraient, l'effort qu'on en attend serait anéanti : retirés le Cric et le bloc retombera, suspendés l'incendie Volcanique, et l'Etna s'engloutira dans les gouffres de la Méditerrannée.

La projection d'une montagne hors de sa base, par le simple effort du feu interne du globe, est encore, sous un autre point de vue, opposée aux loix connues de la physique. Considérons, aux pieds des remparts d'une citadelle assiégée, l'effet terrible d'une mine ; le fragment du sol, enlevé par l'explosion de la poudre, est toujours plus étroit à sa racine qu'à sa superficie : de là l'impossibilité de l'érection d'un Vésuve ou d'un Hécla sur une nouvelle base : car si ces monts Volcaniques conservent leur consiguration ordinaire, leur largeur, dans les couches inférieures, les empêchera de s'élever : si au contraire leurs cônes, originairement renversés, sortirent de la mer par la pointe, le moment où la force de projectile fut suspendue, ils durent retomber dans l'abyme.

Il n'y a qu'un moyen d'expliquer la projection, hors des mers, d'une montagne incendiée, sans contrarier les faits et sans offenser la raison.

Il faut supposer qu'une Isle Volcanique n'est autre chose que l'expansion d'une caverne sous-marine, par l'effort d'un feu dévastateur qui n'a point d'issue.

Cette expansion découle naturellement de la plus simple des hypothèses.

Le globe n'est pas miné, d'une manière continue, sous toute sa surface : nous avons observé, qu'il se trouvait dans la majeure partie de son étendue souterraine, d'immenses massifs, qui lui servaient d'arcboutants, pour l'empêcher de s'écrouler sur lui-

même, des Pôles à l'Équateur. Or il est aisé
de se figurer des cavernes circonscrites par
ces massifs : soit que la nature les ait isolées, soit que l'éboulement des rochers
dans les tremblemens de terre, ait obstrué
la route de communication avec les cavernes
adjacentes : la théorie de ces cavernes isolées mène à celle de la projection des Isles
Volcaniques.

Nous avons vû quel prodigieux effet devait faire la filtration ou la chute des eaux
de la mer, dans une caverne pyriteuse, déjà
incendiée : on peut ajouter à nos calculs
une considération sur la densité de l'air,
qui croissant, à raison de sa profondeur, dans
les entrailles du globe, lui donne peut-être,
à une lieue de distance de sa surface, le
ressort que nous voyons acquérir, quand
il est comprimé dans le réservoir d'une ar-
quebuse à vent : or, pour peu que le contact du feu augmente l'activité d'un fluide
aussi élastique, ses ravages doivent avoir

une violence, dont l'imagination n'a pas le droit de s'étonner. Cette violence est à son comble, quand l'incendie Volcanique frappe en tout sens sur les murs de rocher qui l'entourent, sans pouvoir s'ouvrir un passage.

Il suffit de réfléchir sur l'essence de l'agent le plus actif de la nature, pour concevoir que le feu ne peut rester enchaîné un seul moment; et que dès qu'il éprouve, de tous les points où il frappe, une égale résistance, il doit étendre les bornes de sa prison.

Le feu, comme l'attestent les loix de la physique, exerce en haut sa force expansive : voilà pourquoi les Volcans sont des Cônes.

Ces Cônes quelquefois s'ouvrent, par la force de l'expansion, avant d'avoir atteint la surface des mers : alors les eaux se précipitent avec violence dans l'abyme embrasé : les deux élémens se combattent, et la terre s'agite au loin, autour du champ de bataille : mais comme les vagues se renouvellent sans cesse, à la fin l'incendie s'éteint, le gouffre se remplit, et il n'y a point de Volcans.

Le feu de la caverne ne peut exercer sa force expansive contre une montagne primordiale, qui tenant elle-même, par sa base, à un massif de 2860 lieues de diamètre, lui oppose la résistance de presque tout le globe : mais alors il agit contre la partie de la voute la plus faible : c'est-à-dire, contre les montagnes secondaires, qui, d'ordinaire sont adossées aux grandes chaines de Granit, et voilà l'origine des Volcans des Cordillères.

Plus souvent la voute de la caverne incendiée, en se formant en Cône, rencontre une montagne Calcaire, qu'elle entrouvre de bas en haut, et par où son feu s'échappe : alors le Cratère d'un mont, comme le Vésuve, par sa réunion avec le gouffre primitif tient, pour ainsi dire, aux fondements du globe.

Tous

Tous les phénomènes Volcaniques se concilient avec notre théorie : nous n'en devons indiquer qu'un petit nombre, parce qu'une histoire du monde primitif n'est pas un traité de physique.

La caverne sous-marine, s'élève avec des secousses convulsives, dans toutes les directions, tant que sa voute, qui devient l'extrémité d'un Cône, oppose au feu une forte résistance : quand cette pointe du Cône s'ouvre, les commotions souterraines cessent, l'isle ne prend plus d'accroissement, et l'Etna commence ses éruptions.

La caverne qui retenait le feu captif n'étant pas toujours de nature à être réduite en une lave homogène, ne s'étend pas, comme des globes de verre en fusion, sous la canne perforée des verreries. Le désordre, que cause l'expansion du plus actif des élémens, se manifeste par des bouleversemens internes, et par la projection des rochers, dont ses flancs étaient revêtus.

Pendant ce travail violent de la nature, il s'échappe par les fentes de l'Isle nouvelle, tantôt des tourbillons de fumée, tantôt des jets de flamme, quelquefois des amas de pierres-ponces, qui vont couvrir au loin la surface des mers. Tous ces phénomènes ont déjà frappé nos regards, et la théorie ici n'est que le supplément de l'histoire.

Une Isle Volcanique ne saurait naître, sans élever les vagues autour d'elle, sans causer, même au sein du calme, une sorte de tempête dans les parages qui l'environnent : voilà pourquoi les vaisseaux, qui sont à l'ancre à quelque distance, s'agitent, comme si la Carène frappait un recif de rochers. J'ai toujours pensé que, dans les deux fameux tremblemens de terre de 1746 et de 1755, il s'était élevé quelqu'Isle Volcanique, encore cachée sous les flots, dans les parages de Lima et de Lisbonne, puisque d'un côté des montagnes d'eau s'approchèrent de Cadix pour la submerger, et que de l'autre, l'Océan surmontant ses limites, ne mit que quelques minutes à couvrir le port de Callao, à noyer ses habitants et à renverser ses édifices.

D'ordinaire, la force de l'éruption en-trouvre les flancs inférieurs de l'isle Volcanique, et les eaux se précipitent dans ce nouvel abyme. Voilà pourquoi nous avons vu la mer se retirer, de sept stades, à la naissance de l'Isle de Philostrate.

Il résulte, de cette théorie, la découverte d'un caractère distinctif pour les montagnes ardentes, dont nous écrivons l'histoire.

Un massif continu de roches vitrifiables, ayant pour base le noyau du globe, forme l'essence des montagnes primordiales.

Une suite de couches horisontales de matières Calcaires, sans cavernes intérieures et sans base, constitue les montagnes secondaires.

Un Cône intérieurement creux, composé de couches Calcaires, tantôt régulières, tantôt en désordre, et reposant sur le sol de

roches vives qui forme la masse intérieure
du globe, donne l'idée la plus précise des
grandes montagnes Volcaniques.

Il me semble, d'après la prodigieuse expansion de l'incendie, qui a pu projeter un
mont Etna, dominant aujourd'hui sur une
Zône de cent quatre-vingt milles de circonférence, qu'il n'y a point d'exaggération
oratoire, a supposer que la caverne qui l'a
formé, a ses fondemens sur le noyau de
notre Planète. On conçoit sans peine que
le feu Volcanique s'est alimenté, pendant
une grande série de siècles, de toutes les
matières inflammables qu'il rencontrait,
jusqu'à ce qu'il eut atteint la roche vive,
qui a arrêté ses progrès. Si l'immensité de
ces cavernes effraye une raison pusillanime,
c'est qu'on juge de l'ensemble d'une grande
machine par le jeu isolé d'une roue, et de
la puissance de la nature, par les petites
combinaisons physiques de nos creusets et
de nos laboratoires.

Quand un Volcan reste toujours enflammé, c'est que son Cratère extérieur n'est que la prolongation de l'immense caverne, qui sert de foyer à l'incendie.

Il y a des Volcans qui ne brulent que par intervalles : ce sont ceux ou l'accumulation des matières embrasées, qui retombent dans leurs Cratères, les ont obstrués : il faut alors que le feu captif redouble d'effort pour se dégager, et voilà le principe de leur intermittence.

Enfin, quand la retraite des mers laisse à sec la base des Volcans, il est tout simple que les pyrites, cessant de s'enflammer par le contact de l'eau, les Cratères, qui servaient de soupiraux au feu des cavernes, s'obstruent tout-à-fait, et qu'on ne soupçonne plus l'existence des antiques montagnes ardentes du globe, que par les basaltes qui ceignent leurs cimes, ou les Pavés de Géants qui sont à leurs pieds, comme dans les Volcans éteints de l'Irlande et du Vivarais.

Quelqu'imposante que soit cette spéculation, je ne me dissimule pas que l'imagination peu aguerrie de nos physiciens vulgaires, peut être révoltée, de l'idée de faire soutenir une Isle Volcanique, telle que l'Etna, qui s'élève de plus de dix mille pieds sur le niveau des mers, par une voute qui touche par sa base aux fondements du globe : mais dans une matière aussi délicate, je multiplierai si fort les probabilités, qu'aux yeux des bons esprits, leur réunion tirera peut-être ma théorie, de la classe des hypothèses.

On appelle Laves, le produit des matières en fusion, que toutes les montagnes ardentes vomissent de leurs Cratères, dans leurs éruptions. Quelle est la nature de ces Laves ? peut-on, par leur abondance, calculer l'immensité du foyer où elles se travaillent ?

Le feu Volcanique n'agit point dans les hautes Chaines Granitiques, qui semblent contemporaines de la main qui projetta notre Planète dans son orbite : si donc les matières, nées de la conflagration primitive, se trouvent ou en masse ou à demi décomposées, dans les Laves des montagnes Calcaires de nos Archipels, il faudrait bien supposer que l'incendie Volcanique a son foyer, sur la roche vive qui constitue le noyau du globe.

Or, nos naturalistes ont trouvé, dans les courans de Laves, des montagnes ardentes de l'Italie et de la Sicile, des crystaux de forme irrégulière, qui ne sont que du Porphyre, que le fluide aqueux en effervescence a rendu diaphane. L'auteur très-éclairé de la MINÉRALOGIE DES VOLCANS, dit à ce sujet, à la page 71 de son ouvrage : la Lave de
« ce genre trouvée dans un courant de l'Etna,
« par le chevalier de Dolomieu, peut être
« regardée comme une variété du Porphyre:
« mais le Feld-Spath y est si pur, si brillant,
« que je serais porté à croire, que le fluide
« aqueux, poussé à un dégré d'ébullition et
« d'incandescence, dont les feux de nos fai-

« bles fourneaux ne nous donnent aucune i-
« dée, est quelquefois en concours avec le feu
« sourd et concentré, qui règne dans les im-
« menses fournaises Volcaniques, et qu'il ré-
« sulte de là une multitude de combinaisons,
« qui nous sont encore inconnues, sur les
« pierres qui séjournent peut-être, des siècles
« entiers, dans ces gouffres ardents, où le
« feu occupé à détruire, a pour ennemi
« l'eau qui organise sans cesse. »

Le basalte qui, comme tout le désigne,
est la vraie matière Volcanique primordiale,
a la roche vive pour base; et on le rencontre, dans les éruptions du feu, au travers
de toutes les montagnes secondaires qui ont
fondé dans notre Europe. Cette substance
évidemment travaillée dans les entrailles du
globe, trahit surtout son origine, au mont
de la Coupe dans le Vivarais: c'est là qu'on
la voit former un torrent de Laves, qui
descend par ondulations du haut du Cratère;
affecter, avant d'atteindre un terrein égal,

une figure prismatique, et finir par élever au fond de la vallée une immense colonnade.

C'est le Granit surtout, qu'on rencontre le plus abondamment soit en masse, soit décomposé, dans les Laves de nos montagnes Volcaniques : ce fait est si généralement reconnu, qu'il est inutile d'appeller en témoignage les hommes et les monuments : il suffit d'interroger un voyageur, d'entrer dans un cabinet d'histoire naturelle, ou d'ouvrir au hazard un livre de minéralogie.

Le Granit d'ailleurs est, comme nous l'avons déjà vû, la matière première de ces pierres-ponces dont les Volcans de l'Archipel de Lipari fournissent toute l'Europe.

Enfin les pluyes de cendre, qui accompagnent les éruptions Volcaniques, ne sont, d'après des expériences délicates, que des détriments de Granit réduit en poussière impalpable. Telle fut en particulier celle, qui, après l'explosion du Vésuve en 1631, alla tomber, à cent lieues de l'Italie, sur des navires qui croisaient dans l'Archipel.

L'abondance des Laves, que vomit une montagne ardente dans ses éruptions, concourt avec leur nature, a dévoiler leur origine.

Quel prodigieux amas de matières inflammables, ne doivent pas renfermer les fourneaux sousmarins, ces espèces de creusets, où le feu Volcanique opère la fusion des Laves, du moins si l'on en juge par les effets terribles qui en résultent, même à cette époque du dépérissement du globe, où la nature organise et détruit presque sans énergie?

Qu'on se représente, pour s'en faire une idée, un Archipel Volcanique, comme celui des mers de l'Italie, qui répond, par toutes ses bouches ardentes, et surtout par celles du Vésuve et de l'Etna, à un foyer commun, placé sous le sol qui porte la Méditerranée: qu'on se le représente, dis-je, lançant, à des hauteurs incommensurables, des rochers, que souleveraient à peine les machines d'Archimède : formant des nuages de cendres, qui vont, à cent lieues, effrayer les navigateurs tranquilles de l'Archipel : élevant des montagnes nouvelles, avec des torrents de bitume, de soufre et de métal fondu, et enterrant, jusqu'à deux cents pieds de profondeur, des villes entières, telles que Stabie et Herculanum.

Un seul des fleuves de Laves ardentes, vomis par le Vésuve, aurait suffi peut être pour détruire la substance de la montagne, s'il était vrai, comme Buffon s'est permis de l'assurer, que l'incendie Volcanique eut son foyer dans ses flancs. On peut s'en convaincre par la seule éruption de 1757. Montalegre, témoin oculaire du phénomène, fit part à notre académie des sciences, de l'horreur avec laquelle il observa un de ces torrents embrasés, dont le cours était de sept milles, la largeur de 60 pas, et la profondeur ordinaire de 25 à 50 palmes, et de 120 dans certaines vallées; on conçoit que, dans l'hypothèse du Pline de la France, huit jours de cours à ce fleuve de feu suffisaient pour entraîner le Vésuve entier à la mer.

L'étonnement redouble, quand on atteint l'énorme Zône de Laves qui ceint l'Etna. L'auteur du beau voyage pittoresque de Naples et de Sicile, atteste que toute la route, depuis Catane jusqu'à Castel d'Yaci, le long de la Côte, n'est qu'un rocher de fer continu, formé par les éruptions du premier Volcan de l'Europe. Ce rocher a jusqu'à cent pieds d'élévation, au dessus de la mer, et probablement autant sous son niveau.

L'Etna, comme l'on sçait, brule depuis une époque antérieure aux monumens de l'histoire : et l'on peut juger par la seule éruption de 1669, que, si le feu Volcanique n'agissait pas à une très grande profondeur dans les entrailles du globe, il y a un grand nombre de siècles, qu'à force de projetter sa propre substance, du Cratère de ses montagnes, la Sicile entière aurait disparu.

Le récit de cette éruption de 1669, est d'un ambassadeur du roi de Naples à Constantinople, du comte de Winchelsea; le ton de candeur et de vérité, qui y règne, en rend tellement intéressants les moindres détails, que je ne puis résister au plaisir de consacrer quelques lignes à son analyse.

« C'est de Catane, située à quinze milles de l'Etna, dit le comte, dans sa lettre au roi de Naples, que j'ai vû le tableau le plus fait pour effrayer votre majesté : la matière qui sortait du Cratère, formait un fleuve embrasé de sept milles de largeur, sur quinze milles de cours ; rien n'égalait l'activité de cette espèce de déluge de feu, de cendres et de pierres ardentes : je l'ai vû de mes propres yeux, s'avancer, de la longueur de six cents verges, dans la mer, sur un mille de large, sans s'éteindre. — »

« Lorsque le torrent rencontre des rochers ou des édifices, ils se fondent avec lui et propagent son cours. »

« Il est d'autres substances, qu'il se contente de réduire en cendres ou de calciner. »

« Le mouvement du fleuve de feu n'est pas régulier ; quelquefois il change les vallons en montagnes, et plus souvent les montagnes en vallons. »

« A l'entrée de la nuit, je montay sur deux tours, et je vis distinctement l'incendie prendre sa naissance au Cratère de l'Etna : la rivière embrasée qui en descendait était d'un rouge obscur, et portait, sur sa surface, des pierres d'un rouge encore plus pâle, qui semblaient y surnager. »

« Je puis assurer à votre majesté que la plume ne peut exprimer l'horreur de cette scène : toute l'industrie humaine ne sçaurait étendre ce feu dévorant ou même le détourner. Dans l'espace de quarante jours, il a détruit les habitations de vingt sept mille infortunés : d'une montagne il en a fait deux, chacune de mille pas de hauteur, et l'une d'elles peut avoir quatre milles de circonférence... »

« L'éruption du Volcan a été si terrible, que la nuit il pleuvait des cendres sur Catane, et qu'à dix mille de distance en mer, mes yeux en étaient encore incommodés. »

— « Le dernier trait que j'ajouterai à cette peinture effrayante, c'est que le courant de Laves ayant rencontré un lac, de vingt quatre pieds de profondeur, sur quatre milles de circuit, non seulement, il le remplit, mais encore il l'éleva à la hauteur d'une montagne. »

Le calcul des Laves, sorties de quelques-uns des Volcans éteints de l'Europe, ne serait pas moins fait pour étonner l'imagination, s'il reposait sur des bases aussi sures, que celui qui est fourni pas le spectacle de nos Vésuve et de nos Etna en éruption. L'auteur des recherches sur ceux du

Vivarais, a eu la patience d'évaluer le volume du torrent de Basaltes en fusion, qui combla la vallée, où est aujourd'hui le rocher d'Arlempde, à la hauteur de 390 pieds sur une longueur de 200, et il lui donne trois cents mille toises cubes de solidité. La Loire sépare ce terrible monument d'incendie Volcanique, d'un autre rideau immense de Laves, qui couvre plus de deux milles toises quarrées de surface.

La nature des matières sorties de la bouche ardente des Volcans, et le volume incommensurable qu'elles occuperaient, si elles étaient réunies en une masse, prouvent donc évidemment, soit l'immensité du foyer où elles s'allument, soit leur énorme distance des Cratères, par où elles s'échappent en fleuves de feu.

DE LA PROJECTION.

PRIMITIVE

DES ARCHIPELS.

N'abandonnons pas un seul moment la grande chaîne des faits, qui, comme le fil d'Ariane, doit nous guider dans le labyrinthe de la nature.

La mer, en descendant de notre atmosphère, a préparé un incendie presque général dans le sein du globe.

Cet incendie n'a pu acquérir assés d'activité pour le bouleverser, que lorsque les matières inflammables, produit des corps marins organisés, se sont accumulées dans ses entrailles.

Dès que la nouvelle enveloppe de la terre a acquis une certaine hauteur; le feu Volcanique a exercé sa force expansive dans les immenses cavernes qui s'appuyaient sur la roche primordiale.

Cette force était d'autant plus active, que la nature, plus neuve dans ces ages primitifs, devait avoir aussi plus d'énergie.

Ajoutons que l'expansion des cavernes pouvait se faire avec d'autant plus de liberté, que la croute du globe, étant alors moins épaisse, opposait à l'élément dévastateur moins de résistance.

D'après cette filiation d'idées, qu'il est difficile aux esprits droits de combattre, voyons comment le feu, enchaîné dans les immenses cavernes, sur lesquelles repose la masse des mers, a pu étendre sa prison, de manière à former des Archipels.

L'Océan, à l'époque dont nous tâchons de deviner l'histoire, n'avait pas encore eu le temps de former ces grandes Chaînes Calcaires, rivales des primitives, qui couvrent aujourd'hui nos continents. Son lit, dans tous les endroits, où le Granit primordial ne dominait pas, à peine hérissé par quelques éminences naissantes, conservait une sorte d'égalité : et il était bien plus aisé alors au feu volcanique, de soulever le sol sur lequel la masse des mers repose, que dans les ages postérieurs, où sa force expansive a dû être arrêtée par la multitude de montagnes secondaires organisées dans ses abymes.

Le globe, aux siècles où nous crayonnons sa surface, n'était pas encore partagé en continents; couvert de l'Océan sur la plus grande partie de son sol, il n'existait pour le géographe, que par les cimes de ses montagnes primordiales, qui, par l'absence des Chaînes inférieures, encore cachées sous les eaux, en formaient des Archipels.

Mais si, sous ce point de vue, les mers étaient plus hautes, comme leur lit était moins excavé, elles étaient aussi moins profondes : ainsi la raison philosophique n'aurait point encore le droit de regarder comme démesurée, la force de projection qui, à cette époque antique, éléverait, au dessus du niveau de l'Océan, des Archipels.

D'ailleurs pour taxer de demesurée la puissance de la nature, il faudrait que cette raison philosophique eut elle même une mesure qui put atteindre à sa hauteur. Eh! comment, avec de petits creusets Chymiques, décomposerions-nous la masse des êtres? comment, avec des lignes ajoutées à des lignes, construirions-nous une échelle, qui remplisse les intermondes, seulement depuis notre Planète jusqu'à Sirius?

Au reste nous n'avons pas besoin, pour organiser notre monde Volcanique, de faire projetter à la naissance des ages, les Archipels, à la hauteur de nos Etna et de nos Pics de Ténériffe; et comme ce n'est pas ici le lieu de discuter cette question délicate, nous nous contenterons d'une observation primitive : c'est que la nature, avec l'agent du feu Volcanique, a pu élever çà et là des Archipels isolés, puisqu'avec le seul mouvement de rotation autour d'un axe, elle avait projetté originairement des masses aussi épouvantables, que les Chaînes des Alpes, des Andes et du Caucase.

Une objection naturelle se présente : si, à l'époque des êtres animés, il s'élève du fonds des mers des groupes d'Isles, comme les Molucques, ou les Maldives, le déplacement que causera, dans les terrains adjacents, une pareille superposition, ne doit il pas rompre l'équilibre du globe, et anéantir par contrecoup les êtres sensibles qui errent sur sa surface ?

Ma réponse est dans un calcul de Buffon, qui, quoique fait originairement pour les tremblemens de terre, donne ici une grande force à notre théorie sur les Archipels. Ce philosophe suppose, que toute la Chaîne du nouveau monde, depuis le détroit de Magellan jusqu'au golphe de Darien, a été élevée subitement par une commotion du globe, et il examine quel serait le déplacement de toutes les terres de nos continents, d'après cette hypothèse.

La Chaîne des Andes, dit-il, a 1700 lieues de long sur quarante de largeur moyenne : si le tremblement de terre l'a projettée à la hauteur seulement de 2500 toises, la masse élevée formera un cube de soixante-huit mille lieues : et l'action étant égale à la réaction, l'explosion aura communiqué au reste de la Terre la même quantité de mouvement : mais comme notre Planète est de 12,510,525,800 lieues cubiques, la force qui en aura projetté soixante huit mille, n'aura pas déplacé d'un pouce le reste du globe.

Ce calcul appliqué à nos spéculations sur la naissance des Archipels Volcaniques, démontre que la projection d'un Etna ou d'un Pic de Ténériffe, qui se fait dans un fluide et non dans un milieu résistant, serait moins sensible, à cent lieues en mer, qu'un tremblement de terre ou un orage.

Pallas, un des oracles de l'Europe moderne sur la géographie du globe, n'est point éloigné de croire qu'un incendie souterrain, soulevant le poids de la mer des Indes, put faire naitre d'un seul éclat, les isles de la Sonde, les Molucques et une partie des Philippines et des Terres Australes. Or quel fut, suivant ce grand naturaliste, le résultat d'une si étonnante projection ? ce fut uniquement de chasser de toutes parts une masse d'eau épouvantable, qui alla heurter vers le Nord, les Chaînes primitives de l'Asie et de l'Europe, se précipita par des brèches énormes dans les terres basses de nos continents, et, à force d'ensévelir sans ordre les détriments d'une nature végétale et animale, organisa des montagnes de ruines en Sibérie.

Toutes ces dévastations n'entraineraient pas la destruction des êtres sensibles sur le globe ; au reste Pallas part ici d'une hypothèse trop audacieuse : nos recherches nous conduiront à démontrer, qu'à l'époque où le globe, par la retraite des mers, a été divisé en deux grands continents, la nature affaiblie par une série de tant de siècles de créations, ne pouvait projetter à la fois un terrein équivalent à un cinquième du globe habité : car telle est l'idée qu'on doit se former, de la Zône presqu'incommensurable, qui renfermerait les isles de la Sonde, les Molucques, et une partie des Philippines et des Terres Australes.

L'extension des cavernes soumarines, de manière à former des Archipels, est d'autant moins un prodige dans l'ordre physique, que deux considérations particulières tendent à affaiblir l'idée terrible que présente ce phénomène.

D'abord, je suis loin de croire que l'incendie souterrain ait projetté, à dix mille pieds au dessus du niveau des mers, une Isle Volcanique, comme l'est aujourd'hui la Sicile, si on la mesure du haut du Cratère de l'Etna : ce serait s'exposer à confondre toutes les époques, dans la durée de la nature: et croire avoir terminé l'histoire d'une partie du globe, quand on n'a tracé que la dernière page de ses annales.

L'Etna, ainsi que toutes les montagnes Volcaniques, ne s'est élevé, que par l'accumulation successive des Laves au dessus de son Cratère : c'est un fait qu'on ne peut contester, quand on a voyagé en Italie, avec le génie des Ferber, des Brydone et des Hamilton. On peut donc supposer un temps, où ce Volcan terrible, de niveau avec le sol de la plaine qu'il dévaste, avait dix mille pieds d'élévation de moins qu'aujourd'hui. L'Etna était alors, ce qu'on a vu le Monte-Nuovo, avant l'éruption de 1538 : il existait sans Cratère : le Sicilien tranquille habitait la campagne riante, que le feu minait en secret, lorsque tout-à-coup la terre s'ouvrit sous ses pas et l'engloutit.

Il ne fallut qu'une nuit, pour élever le

Monte-Nuovo, à deux mille quatre cents pieds de hauteur, sur une base d'une lieue et demie; et pour n'effrayer aucune imagination, nous admettons un grand nombre de siècles, pour que l'Etna se projette à dix mille pieds, sur une Zône de quatre-vingt lieues de circonférence.

Il faut donc bien distinguer, dans les époques de la nature, la naissance des Volcans de celle des Archipels Volcaniques.

Il est infiniment probable, que, lorsque les premières cavernes sousmarines se projettèrent en Cônes, la mer vit naitre la Sicile sans son Etna, que l'Hécla n'accompagna pas l'érection de l'Islande, et qu'il n'y eut point de Pic embrasé à l'origine de l'Isle de Ténériffe.

Les Archipels projettés par l'incendie, n'en étaient pas moins des Cônes Volcaniques : on sait que toute Isle, même sans élévation apparente, n'est autre chose qu'une montagne dont la base est dans la mer.

Je vais plus loin : rien ne démontre la nécessité physique que des cavernes incendiées se projettassent, dans l'explosion primordiale, jusqu'au dessus des mers. Comme, à cette époque, le globe, à l'exception de quelques Archipels de roche-vive, était couvert de l'Océan, il s'ensuivrait que les montagnes de feu auraient dû, dans l'origine, atteindre à la hauteur des montagnes de Granit : et ici l'histoire physique de la terre serait en contradiction manifeste avec sa théorie.

Il est bien démontré que les plus hautes élévations du globe, sont les Pics de roche primordiale : que celles qui les suivent immédiatement sont les montagnes Calcaires, et que les plus basses sont les Crêtes des Archipels Volcaniques.

En vain nous opposerait-on que le mont Marboré des Pyrenées, la plus haute des éminences Calcaires connues, est inférieure au Pic brulant de Ténériffe, ou aux Cratères des Volcans de Chimboraço et de Cotopaxi aux Cordilières : cette contradiction apparente ne vient que de ce qu'on confond les époques dans l'organisation du globe, comme on s'en convaincra par les preuves de détail, répandues dans la suite de cet ouvrage.

Il est de la nature des montagnes soit Granitiques, soit Calcaires, du moment que s'élevant au dessus des eaux, elles se trouvent soumises aux influences de l'atmosphère, d'aller toujours en se dégradant, jusqu'à ce que leurs Pics abbaissés se confondent presqu'avec le sol des plaines, comme on le voit évidemment dans les grands plateaux Asiatiques, et sur-tout dans celui de la Tartarie. Il n'en est pas de même des monts Volcaniques : tant qu'ils sont enflammés, ils vont toujours en croissant, par l'accumulation des Laves sur les bords supérieurs des Cratères : ainsi on se tromperait sur la hauteur relative des montagnes,

de différents ordres, dans les premiers ages ;
si on la calculait d'après les mesures de nos
contemporains : qui sçait si, depuis dix mille
ans, le Pic de Ténériffe ne s'est pas élevé
de deux mille toises, tandis que le dépouill-
lement de toute enveloppe végétale a ab-
baissé d'autant le sommet du Caucase ?

Les Archipels Volcaniques ont donc pu,
dans la projection primitive, rester ensevelis
à une assés grande profondeur sous les eaux :
peu à peu les dépôts marins se sont accu-
mulés autour d'eux : l'Océan s'est retiré,
et leur base s'est découverte.

Ce n'est qu'après ce période, que l'élément
Volcanique, faisant toujours effort contre
les parois des voutes incendiées, et trouvant
moins de résistance, depuis que les mers
ne pesaient plus sur leur surface, dut se
pratiquer une issue pour ses explosions.
Telle est l'origine des Cratères naissants de
l'Hécla, des isles de la Sonde et des Molucques.

On voit, d'après cette filiation d'idées physiques, qu'il y a plus de vraisemblance qu'on ne soupçonnait d'abord, dans l'expansion des cavernes Volcaniques primordiales, et que la raison la plus austère peut se reconcilier avec le merveilleux apparent de la projection des Archipels.

Une autre considération réduit à de justes limites les proportions gigantesques de notre statue.

Les Archipels, élancés des entrailles du globe, supposent l'expansion d'un grand nombre de cavernes, qui communiquaient par des conduits intermédiaires : or le feu Volcanique, en s'échappant par un grand nombre de Cratères, devait avoir bien moins de force, que s'il s'était porté, avec toute l'énergie de la concentration, contre la voute d'une Isle isolée au milieu de l'Océan : on sent assés, par exemple, que si l'incendie souterrain, dont le foyer est sous les mers de l'Italie, ne s'exhalait que par la bouche ardente de l'Etna, il y a des myriades de siècles que la Sicile ne serait plus qu'un monceau de ruines. Ce qui protège ce séjour enchanté contre les fureurs de son Volcan, c'est que le feu terrible se partage, d'un côté, entre les soupiraux des isles de Lipari, et de l'autre, entre les Cratères du Vésuve et de la Solfatare.

Ces bases une fois posées, jettons un coup-d'œil rapide sur les Archipels Volcaniques des trois mondes.

TABLEAU
DES ARCHIPELS VOLCANIQUES
DES TROIS MONDES.

Il n'y a rien de si arbitraire en géographie que la position des Isles qui sont en haute mer, par rapport aux continents dont elles doivent dépendre : les limites de la plupart ne sont pas prononcées. Il y aurait autant de raison à mettre la Sardaigne en Afrique qu'en Europe : le Spirtzberg n'est pas moins du nouveau monde que de l'ancien : et il y a des Archipels, comme celui de Sandwich, qui se trouvant placés au centre de la mer Pacifique, peuvent être classés sans erreur en Asie, en Amérique, et aux Terres Australes.

Affin de suivre les grandes idées de la nature, plutôt que les conceptions vulgaires

des

des géographes, nous allons parcourir avec ordre la filiation des mers, depuis l'Océan Pacifique Septentrional, jusqu'à la partie de l'Océan Atlantique, qui lui correspond au Nord de l'Europe.

Le premier Archipel Volcanique, qui se présente dans cette direction, est celui des Isles Kuriles; il ne nous est bien connu, que depuis la navigation mémorable du vaisseau le Castricom, envoyé en 1643, par la compagnie des Indes Hollandaise, pour tenter le passage du Nord : on le prit d'abord pour un Continent d'une vaste étendue, auquel on donna, d'après les Japonais, le nom de terre de Jesso : mais les Russes depuis, ont rectifié ces connaissances superficielles : il est bien avéré aujourd'hui, que ce prétendu Continent est divisé en un grand nombre d'Isles, séparées les unes des autres par des Détroits : on y trouve, suivant nos mémoires, un grand nombre de Volcans : les uns sont actuellement éteints, et les autres brulent encore.

Ceux qui sont de formation récente ont de fréquentes éruptions. Tel est, en particulier, celui qui, le 8 Janvier 1780, incendia une partie de l'isle de Rachkoke; l'explosion fut accompagnée d'un tremblement de terre, dont les ravages se firent sentir presque dans tout l'Archipel.

Si l'on fait attention à ces mots des historiens des Kuriles, que parmi les Volcans nombreux de ces contrées, IL Y EN A QUI SONT ACTUELLEMENT ÉTEINTS, on ne pourra se dispenser de remonter à des temps prodigieusement antérieurs, pour trouver la première origine de cet Archipel : car il faut que les siècles s'amoncèlent sur la cime des Cratères, pour qu'ils s'obstruent : c'est même ce grand fait dans l'histoire de la nature, qui nous conduira à jetter une sorte de lueur, dans la nuit de notre antique chronologie.

Ce résultat philosophique nous conduit à

un autre, que, sans notre théorie, il serait difficile de soupçonner.

Les Kuriles, par leur projection dans la mer Pacifique, semblent tenir par le Nord-Est au Kamsatka, et par le Sud-Ouest au Japon. L'inspection de toutes ces contrées, sur la grande carte du dernier voyage de Cook, fait pressentir que la même Chaîne de montagnes se prolonge, sous la mer, dans la Péninsule et dans les deux Archipels.

Or, le Kamsatka, baigné de trois côtés par les eaux, et qui ne tient au Continent que par la retraite des mers, était surement une Isle, à une époque voisine du moyen âge. Voyons si cette Isle renferme des traces de l'incendie souterrain, auquel on doit la projection des Kuriles.

L'abbé Chappe, de l'Académie des Sciences de Paris, Krachenninikow, professeur de celle de Pétersbourg, et les capitaines qui ont continué la navigation de Cook, le plus éclairé des voyageurs, quoiqu'il ne fut d'aucune académie, ont tous attesté l'existence des nombreux Volcans du Kamsatka : il y en a trois sur-tout, que le professeur Russe représente comme les Etna de cette extrémité de la Sibérie.

« Le Volcan d'Awatcha est le plus remar-
» quable : sa base s'étend presque jusqu'à
» la Baye de ce nom : il eut une de ses
» plus violentes éruptions, dans l'été de 1757.
» Sa durée ne fut que de vingt-quatre
» heures, mais ses effets furent terribles.
» Le tremblement de terre qui l'accom-
» pagna, fit écrouler un grand nombre
» d'Iourtes Kamschadales : pendant ce tems
» là, la mer agitée avec un bruit effroyable,
» quitta ses bornes ordinaires, s'éleva tout
» à coup sur le Continent à la hauteur de
» 18 pieds, et ensuite se retira à une très-
» grande distance.

» Il y eut bientôt une seconde secousse :
» alors la mer se déborda avec autant de
» violence que la première fois : puis, dans

» sa retraite ; elle recula si loin, qu'on ne
» pouvait plus l'appercevoir.

» Ce fut à cette occasion qu'on vit, au
» fond de l'Océan, dans le Détroit qui est
» entre la première et la seconde des Ku-
» riles, des Chaînes de montagnes que l'on
« n'avait jamais apperçues, quoiqu'il y eut
» déjà eu dans cette contrée des tremble-
» mens de terre, de la plus grande violence:

» Au bout d'un quart d'heure, les com-
» motions souterraines recommencèrent :
» la mer monta à cent quatre-vingt pieds,
» et inonda toute la Côte, où elle resta aussi
» peu qu'à la première inondation ; il y eut
» des endroits où les prairies furent chan-
» gées en collines, et les champs en lacs
» ou en golfes : tous les habitans furent
» ruinés, et le plus grand nombre y perdit
» la vie.

» Les secousses continuèrent, à divers in-
» tervalles, jusqu'au printemps de 1738 : ce
» fut sur tout dans les Isles, et à la pointe

» méridionale des Kuriles, qu'il exerça les
» plus grands ravages.

Il y a dans ce récit deux traits infiniment
remarquables. L'un, que le feu Volcanique
du Kamsatka fit les plus grands ravages ;
à la pointe Méridionale des Kuriles : l'autre
que la retraite de l'Océan, fit appercevoir,
dans un Détroit de cet Archipel, des Chaînes
de montagnes : d'où l'on peut conclure,
d'abord que les Volcans des Kuriles ne sont
que la prolongation de ceux du Kamsatka :
en second lieu, que l'incendie, qui les allume sous la mer Pacifique, a le même foyer.

La correspondance Volcanique des Kuriles avec le Kamsatka, semble la même
avec le Japon.

Des vingt-deux Isles considérables qui
forment l'Archipel des Kuriles, Matmai,
la plus méridionale, est si proche du Japon,
qu'elle est regardée comme une des provinces de l'empire. Le Détroit intermédiaire
n'a pas trente lieues, dans la Carte qui pré-

cède le fameux voyage de Kaëmpfer au Japon.

Or, tout indique, au Japon, la trace du feu Volcanique, qui se prolonge sous la masse des mers, jusqu'au Kamsatka, par l'intermède de l'Archipel des Kuriles.

Le Japon est très sujet aux tremblements de terre; les Insulaires, accoutumés à ce terrible phénomène, sont venus, suivant Kaëmpfer, au point de s'en allarmer aussi peu, que les Européens de nos capitales, du fracas du tonnerre : ils les attribuent à une énorme baleine, qui se traine sous le sol de l'Archipel, et ils disent avec l'apathie Orientale, QUE CE N'EST RIEN : il fallait cependant que la baleine Japonaise, dans la commotion de 1703, secouât le pays d'une manière sensible, puisque Jedo en fut renversée, et que ce désastre couta la vie à plus de deux cents mille hommes.

Quant aux Volcans, ils sont très nombreux dans l'Archipel du Japon. On y voit deux Isles de rochers, dont les montagnes jettent du feu par intervales, depuis plusieurs siècles; il en est de même du Pic d'Aso, situé près d'un temple consacré au dieu jaloux, et de celui de Fesi, qui ne cède en hauteur qu'au Pic de Ténériffe. Le Volcan d'Unten, dont le sommet ressemble à une masse brulée, lance des tourbillons de fumée : l'odeur sulphureuse qu'il exhale est si terrible, que dans une circonférence de plusieurs milles, on ne voit pas un seul oiseau. Non loin des montagnes ardentes, sont quelquefois des Volcans éteints, tels que celui de Figo, présentant encore à sa cime une immense ouverture, monument d'un antique incendie qui n'a cessé, dit Kaëmpfer, que faute d'aliments.

Le judicieux écrivain que j'analyse sur le Japon, parle encore d'une ISLE DU SOUFFRE, qui fait partie de cette dernière monarchie de l'Orient : on la regardait, il y a un siècle, comme inaccessible, à cause des nuages de fumée qui entouraient ses roches, et dont la configuration bisarre représentait des spectres et des genies infernaux, aux yeux de la crédulité : un Japonais, agguéri contre les erreurs et les terreurs sacerdotales, descendit enfin dans cette Isle, et n'apperçut que du soufre propre à être recueilli, où on lui disait que l'enfer devait s'ouvrir sous ses pas. Cette Isle a été reconnue dans la navigation de Cook, et on y a remarqué le Cratère d'un Volcan.

On peut maintenant prononcer, que cette longue bande de terre, en partie découverte, et en partie cachée sous les eaux, qui s'étend depuis le haut du Kamsatka, jusqu'à l'Isle la plus méridionale du Japon, a dû sortir du sein de l'Océan, par la même éruption.

Et si l'on est effrayé de la prodigieuse étendue de cette bande de terre incendiée, qui embrasse quarante dégrés ou mille lieues, on doit se rappeller que l'extinction d'une partie de ses Volcans, annonce un sol qui a déjà subi un grand nombre de révolutions ; ce qui fait remonter l'époque de la projection de la Péninsule et des deux Archipels, à ces temps primitifs, où la nature avait encore presque toute son énergie.

Je voudrais parler de cet Archipel des Marianes, qui forme une longue Chaîne, d'environ cent cinquante lieues, entre la nouvelle Guinée et le Japon, et où Gemelli Carreri a trouvé quatre Volcans allumés : mais il n'a été reconnu par aucun navigateur philosophe ; Magellan, qui le découvrit au commencement du 16e. siècle, se crut en droit de le nommer l'Archipel des Larrons, parce que les Indigènes avaient volé du fer sans valeur à ses matelots : les Espagnols, qui y dominent depuis deux siècles et demi, n'y ont envoyé que des missionnaires et des bourreaux, et pour comble de malheur, ce sont des moines qui en ont écrit l'histoire.

On peut juger de l'exactitude de nos

connaissances sur ces isles Marianes, par le seul trait historique que le célèbre Helvétius jugeait digne d'être conservé. Lorsque les Espagnols abordèrent dans cet Archipel, dit le père Gobien, les Indigènes, séparés du reste du genre humain par les mers dont ils étaient environnés, se croyaient seuls dans l'univers; ils n'avaient jamais vû le feu, et quand, dans une descente de Magellan, cet élément terrible embrasa à leurs yeux quelques unes de leurs cabanes, ils prirent la flamme ondoyante pour un animal inconnu, qui se jouait sur le bois, et qu'on pouvait apprivoiser : quelques-uns d'eux s'approchèrent, pour saisir cet être inconnu, et ce fut la douleur qui les avertit de leur méprise. Il est tout simple qu'un missionnaire crédule ait écrit une pareille anecdote: mais ce qui ne l'est pas, c'est qu'elle ait été adoptée sans critique par un Pyrhonien tel qu'Helvétius. Assurément c'était le comble de l'absurdité, que d'imaginer que le feu était inconnu aux Isles Marianes, quand elles avaient des Volcans dans leurs montagnes, et que les plus Méridionales d'entre-elles étaient situées sous le ciel embrasé de la Zône Torride.

Tout ce qu'on peut dire sur la géographie physique des Marianes, se réduit, faute de monuments, à assurer que c'est un Archipel Volcanique ; et à conjecturer qu'il a dû être projetté seul au milieu des mers.

Nous avons heureusement un peu plus de lumières sur le grand Archipel des Philippines, situé du côté de l'Ouest, à environ quatre cents lieues des isles Marianes. Dampier, Gemelli Carreri, l'académicien le Gentil, qui en ont à quelques gards écrit l'histoire, ont un nom : et si ces écrivains ne sont pas des Tacite, du moins ils ne sont ni des Charlevoix ni des Gobien.

Les Philippines, si on faisait disparaître les détroits des mers qui les séparent,

formeraient un massif de 190 lieues, de
l'Ouest à l'Est, et de 300 du Nord au Sud.
On nous représente cet Archipel comme
un amas de montagnes, qui semblent jettées
sans ordre apparent au milieu de la mer
Pacifique, et dont la Chaîne principale se
perd dans les nuages.

L'incendie souterrein qui a projetté ce
vaste Archipel, se manifeste d'abord par
la prodigieuse quantité d'eaux Thermales,
qu'on rencontre soit dans les plaines, soit
sur le sol des montagnes: il y a des endroits,
où un bâton enfoncé dans le sable, à une
légère profondeur, la fait jaillir, comme la
baguette de Moyse au mont Oreb. Ces eaux,
qui quelquefois n'ont que la fluidité de la
Lave, ont, sur un Pic de la grande Isle de
Manille, connue aussi sous le nom de Luçon,
la propriété de pétrifier les corps qu'on y
jette : tels que le bois, les feuilles d'arbre,
les étoffes, et jusqu'à des écrevisses.

Les tremblements de terre annoncent

encore plus sensiblement, dans cet Archipel, l'effrayante propagation du feu Volcanique, dans les cavernes sousmarines, au dessus desquelles il repose. La commotion de 1627 applanit, au niveau des campagnes un des deux monts Carvallos, dans l'Isle de Manille: en 1675, il y eut des secousses encore plus désastreuses, à celle de Mindoro : une bouche effroyable s'étant ouverte aux flancs d'une montagne, qui protégeait l'Isle contre les fureurs de l'Océan, les eaux pénétrèrent dans une plaine féconde, et la changèrent en une petite mer Caspienne.

Quant aux Volcans, ils sont très-nombreux aux Philippines, et ils y causent les plus grands ravages : leurs effets, lorsque les tremblemens de terre les accompagnent, sont encore plus violents que dans les parages de l'Italie. Non contents de vomir des torrents de Laves, et de lancer des rochers, ils entr'ouvrent les montagnes, reculent le lit de l'Océan, et font changer le cours des rivières.

Un des Volcans les plus actifs de cet Archipel, se trouve dans l'Isle de Manille; il fume continuellement et souvent il jette des flammes. La plaine, à plusieurs lieues de circonférence, est couverte de sables et de pieres noires, qu'il a jettées dans ses éruptions. Cette plaine est creuse dans une grande étendue, et on ne pourrait sans danger y élever le plus léger édifice.

Le 20 Juillet 1767, la flamme sortit de son Cratère sous la forme d'une pyramide conique, dont l'axe avait au moins quarante pieds : la rivière de feu qui suivit l'explosion, parut s'étendre sur une largeur de cent vingt.

Le Volcan de Taral a eu diverses éruptions mémorables : dans l'une, le sommet du mont embrasé s'enfonça, et le cône tronqué resta avec deux bouches, dont l'une vomit du souffre, et l'autre de l'eau verte qui bouillonnait. En 1754, il y en eut une autre, pendant laquelle il s'éleva un tourbillon de fumée, qui noircit tellement l'atmosphère, qu'à deux heures après midi on fut obligé, dans une Isle voisine, d'allumer des bougies : peu d'années après, la montagne même disparut, et une lagune prit sa place.

Les phénomènes les plus terribles ont accompagné, s'il en faut croire l'académicien le Gentil, une éruption en 1640, du Volcan de l'isle de Mindanao : « Le » bruit de l'explosion fut si épouvantable, » que l'allarme se répandit dans un es-« pace de plus de 300 lieues : pour sa force, « elle fut telle, que tout le sommet de la » montagne ardente sauta en l'air et fut em-» porté à plus de deux lieues de distance. » Le nuage de cendres qui suivit, s'éleva « à une si prodigieuse hauteur, qu'il vola « jusqu'aux Molucques, situées à une
» grande

« grande distance de l'Archipel des Phi-
» lippines.

On peut juger par la force de ce feu Volcanique en 1610, de ce qu'elle dut être dans
les premiers ages, quand l'Archipel entier
fut projetté. Cette force devait être incalculable, soit parceque son ressort n'était
point usé par le frottement des siècles :
soit parce qu'elle s'exerçait sous les Tro-
piques, où la nature a toujours plus d'énergie
que dans les Zônes tempérées ou vers les
Poles.

Si, de la plus septentrionale des Philippines, on prolonge une ligne immense
à l'Orient de la mer Pacifique, on tombe
dans cet Archipel Sandwich, où l'infortuné
Cook fut tué par les sauvages qui l'avaient
fait dieu : et cet Archipel, composé d'onze
Isles, n'est encore qu'une masse de terre
incendiée, que le feu Volcanique a projettée
hors de l'Océan, vers le moyen age.

L'isle d'Owhyhée, par sa forme triangulaire, par sa circonférence d'environ cent trente lieues, et surtout par l'Etna qui s'élève vers son centre, est vraiment la Sicile de cet Archipel.

Les Indigènes ont donné le nom de Roa à cet Etna, de la principale des isles Sandwich : son Pic, si on pouvait en croire une vague observation, s'éleverait à 16020 pieds: c'est-à-dire, infiniment plus haut que notre Mont-Blanc, la cime la plus élevée de l'ancien monde. Je suis loin de croire que l'accumulation des Laves sur un Cratère puisse porter un Volcan à la hauteur d'une montagne primordiale : mais j'incline à penser que le Roa est un mont secondaire, adossé à un massif de Granit, comme le Pichinca des Cordilières.

Quoiqu'il en soit de cette conjecture, les continuateurs de l'expédition de Cook ne nous ont pas laissé ignorer, qu'il y a des traces d'incendie Volcanique, depuis le Roa, jusqu'à la mer qui baigne l'Archipel.

« La petite province de Kaoo, semble
« avoir été bouleversée par une convulsion
« terrible. Le sol est, en bien des endroits, en-
» trecoupé par des bandes noires, qui sem-
« blent marquer le cours d'une Lave sortie,
» il y a quelques générations, du Cratère
» de la montagne de Roa, et qui s'est pro-
» longé jusqu'au rivage. Le promontoire
» Sud ne semble offrir aussi que les scories
« d'un Volcan : la pointe saillante est com-
« posée de roches brisées, et pleines de cre-
» vasses, qui s'amoncèlent les unes sur les
» autres pour se terminer en aiguilles. »

L'Archipel Sandwich, isolé au milieu de
l'Océan, et séparé par 800 lieues de mers
de toute Isle, qui n'est pas un simple écueil,
semble donc avoir été projetté seul par l'incendie Volcanique : et il serait difficile de
croire que le foyer, sur lequel porte le Roa,
communiquât par des galeries horisontales,
avec les cavernes embrasées de l'Asie, du
nouveau monde et des Terres Australes.

Il n'en est peut-être pas de même des Isles de la Société : le premier Archipel que le navigateur rencontre, en descendant au Midi, vers le Tropique du Capricorne : au premier coup-d'œil, on serait tenté de croire qu'il a été projetté dans les premiers temps, avec le grouppe des Isles des Amis, et peut-être avec celui des nouvelles Hébrides ; puisqu'ils sont tous trois sur une même ligne, prolongée de l'Est à l'Ouest : cependant comme ces trois amas d'Isles, en y comprenant les vastes intervales des mers qui les séparent, occuperaient un espace de près de quinze cents lieues, et que tout indique, dans leur organisation, une origine, qui ne doit guères remonter au dessus du moyen age, il est plus sage de circonscrire son imagination, et de supposer trois époques différentes à la naissance des trois Archipels.

Les Isles de la Société sont Volcaniques, du moins si on en juge par Otahiti, cette Cythère de la mer du Sud, qui a tant fait déraisonner l'Europe sur le problême de la pudeur. Otahiti est, pour ainsi dire, la métropole de cet Archipel : Cook y a été plusieurs fois, et y a fait d'assés longs séjours pour connaitre la nature de son sol : voici ce qu'il pensait de l'incendie interne qui a désolé sa surface.

« Il nous paraît évidemment, que les ro-
» chers d'Otahiti, ont été brulés; de toutes les
» pierres qui ont été recueillies dans cette Is-
» le, il n'en est pas une seule qui ne porte les
« empreintes ineffaçables du feu : par exem-
» ple, les cailloux qui forment les haches des
» Insulaires, semblent quelquefois avoir été
» tellement altérés par une incendie, qu'ils
» sont presque réduits en pierres-ponces : on
» apperçoit encore les traces du feu dans
» l'argile des collines; et l'on peut supposer
» avec raison, qu'Otahiti, ainsi que les Isles
» de cet Archipel, sont les débris d'un Conti-
» nent englouti sous la mer, par l'explosion
» d'un feu souterrain; peut être aussi que ces

« Isles ont été détachées des rochers, qui,
« depuis la création du monde, avaient servi
« de lit à la mer, et qu'elles ont été éle-
« vées par explosion, à une hauteur que les
« eaux ne peuvent jamais atteindre. Ce qui
« ajoute à la probabilité de ces hypothèses,
« c'est que la profondeur de l'eau ne dimi-
« nue point par dégrés, à mesure qu'on
« approche de la côte : et que l'Archipel
« est presque partout environné de récifs
« brisés, informes, et dans l'état où serait
« naturellement la substance solide du globe,
« si quelque commotion violente l'avait
« bouleversée. »

Cook a bien vu dans Otahiti les phénomènes d'une nature incendiée, mais il les
a mal expliquées. Cette Isle et celles qui
l'entourent ne sont point les débris d'un
Continent que le feu Volcanique a englouti,
parceque le sol, tout brulé qu'il est dans les
montagnes, est encore vierge dans les plaines : d'un autre côté, l'Archipel n'a point

été détaché des roches sous-marines, parce qu'en vertu des loix éternelles de la pesanteur, l'instant d'après l'explosion, il serait retombé au fond des abymes.

Au reste les idées de Cook se rectifièrent dans un second voyage : c'est alors qu'il se contenta de dire, sans embrasser d'hypothèses : « le délabrement où l'on voit les « sommets des montagnes d'Otahiti, et les « Laves, qui composent la plupart des roches, « nous persuadent qu'il y avait jadis dans « l Isle un Volcan. Cet aspect sauvage « contraste avec le terreau végétal qui « constitue le riche sol des plaines. »

Si l'Archipel d'Otahiti n'a pas été projetté seul au dessus de l Océan, au lieu de le réunir, dans l'explosion, avec les Isles des Amis, qui, quoique dans la même ligne, en sont séparées au moins par quinze dégrés de mers, on pourrait admettre qu'il s'est élevé à la même époque que le grouppe des Marquises, qui l'avoisine du côté du Nord.

Est : ces Marquises découvertes par l'Espagnol Mindana, sont évidemment d'origine Volcanique : on nous représente la Dominique, la plus considérable du grouppe, comme HÉRISSÉE DE ROCHERS ESCARPÉS, ET AYANT DES PICS EXCAVÉS A SON CENTRE : ce qui prouve, dit l observateur, que LES VOLCANS ONT BOULEVERSÉ TOUTE SA SURFACE. La partie Orientale de la Dominique n'est pas moins remarquable, sous ce point de vue, en ce qu'elle offre une coupe perpendiculaire, déchiquetée en obélisque.

L'Archipel des Amis se dirige à l'Ouest de ceux d'Otahiti et des Marquises; et se trouve ainsi le centre de la bande de terre Volcanique, qui occupe, dans la mer du Sud, un intervalle de quinze cents lieues

Cook, qui avait autant de droit de donner des noms aux contrées sauvages qu'il avait le premier vivifiées, que l'astronome Cassini aux nouvelles étoiles que découvrait son télescope, a appellé Archipel des Amis, un

amas prodigieux d'Isles qui embrasse près
de trois dégrés en latitude et deux en longitude : il en a désigné 61 dans sa Carte
géographique, et les naturels du pays l'ont
assuré qu'il y en avait plus de cent cinquante.

La plupart de ces isles sont Volcaniques.
Le grand navigateur que nous consultons,
a reconnu le Cratère de celle d'Anamooka ;
il a vu sortir de la fumée et des flammes
du Pic de Toofoa ; il a aussi observé que
la pointe Septentrionale de celle d'Amsterdam, nommée par les Insulaires, Tonga-
tabboo, s'élève perpendiculairement, qu'elle
est excavée, et, pour ainsi dire, suspendue
dans les airs : ce qui désigne les cavernes
souterraines, par où l'incendie s'est propagé.

Il est entré dans de plus grands détails
encore sur la roche Volcanique d'Amataffoa,
qui n'a que cinq lieues de circonférence.
Cet homme célèbre a observé vers la côte
les rochers de cette Isle brulés, et le sol

couvert d'un sable noir et incendié : en s'approchant de la montagne du centre, il a vu sortir de sa cime des tourbillons de fumée ; et un orage l'ayant obligé à une prompte retraite, il s'est apperçu que les gouttes de pluye étaient imprégnées de particules sulphureuses, vomies par le Volcan en éruption.

S'il y a, sous la mer du Sud, une Chaîne de cavernes Volcaniques qui font communiquer à l'Est l'Archipel de la Société à celui des Amis, il est non moins probable que cette Chaîne se prolonge à l'Ouest, pour faire communiquer les isles des Amis aux nouvelles Hébrides.

Il y a dans les nouvelles Hébrides cinq Isles, qui, par les feux que vomissent leurs montagnes, trahissent le secret de leur origine. Il faut peu s'arrêter sur celles de la Pentecôte, d'Ambrym, et de Mallicolo, qu'on a vaguement observées : mais nous avons

DU MONDE PRIMITIF. 187

des détails physiques de quelque intérêt, sur Tanna, et sur la nouvelle Calédonie.

L'isle de Tanna est celle de cet Archipel, de laquelle la géographie des Volcans peut tirer le plus de lumières. Je vais rapporter à cet effet quelques textes épars dans les voyages du premier navigateur de l'Europe.

« Nous vîmes une colline, en forme de
» Cône, composée d'un amas de pierres
« brulées, et ayant un Cratère à son centre,
« d'où s'élevait une épaisse colonne de
« fumée, semblable à un arbre immense
« qui ombrageait toute l'atmosphère : cette
» éruption était accompagnée d'un fracas
« pareil à celui du tonnerre.....

« Un soir nous vîmes briller la flamme
« du Volcan, et, de cinq en cinq minutes,
« nous entendions une explosion : les ponts,
« les agrets du vaisseau furent, dans l'es-
» pace de quelques heures, remplis de
« cendres noires, et le même sable mêlé de
« pierres ponces couvrait le rivage....

« Dans une autre occasion le Volcan devint excessivement incommode : il poussait jusqu'aux nues des torrents de feu et de fumée, à chaque explosion : nous le vîmes, de notre vaisseau, lancer des pierres d'un prodigieux diamètre....

» Autour de la montagne ardente, il y a dans la plaine des espèces de Solfatares, dont le sol est chaud, et exhale des vapeurs : ce sol est infiniment sulphureux : comme le Volcan était dans sa plus grande activité, à l'époque de nos observations, les vapeurs s'élevaient et s'amoncelaient en nuages, au dessus de ce terrein incendié : ce qui semble indiquer la communication souterraine entre la montagne et les Solfatares....

» Le Volcan vomit, dans une de ses éruptions, une prodigieuse quantité de petites cendres noires, qui, examinées de près, furent reconnues pour des Schœrls à demi Diaphanes, et configurés en ai-

« guilles : il projetta aussi, de son Cratère,
« des masses de rochers, du volume de notre
« longue chaloupe. »

On voit que le Volcan de Tanna mériterait, autant que ceux de Naples et de Sicile, être vû avec le génie de Pline, et décrit
avec la plume d'un Ferber, d'un Brydone et
d'un Hamilton.

La nouvelle Calédonie, la dernière des
Hébrides, est la plus grande Isle de la mer
Pacifique, après la nouvelle Zélande ; c'est
une bande de terre assés étroite, projettée
dans une étendue de 87 lieues ; les montagnes qui forment sa charpente, n'offrant
que du Mica rouge avec de gros blocs de
Quartz, s'annoncent pour primordiales ;
cependant les colonnes de Basalte, qu'on
voit répandues au promontoire de la reine
Charlotte, prouvent évidemment que le
feu Volcanique s'est fait jour au travers des
roches Calcaires qui leur sont adossées :
les Pics de roche vive de cette Calédonie,

qui paraissent commencer le massif des Terres Australes, sont nés avec le globe; et les Volcans, projettés sur leurs flancs, ne remontent qu'à la datte de la formation des Hébrides.

Ce n'est point sans raison que je fais commencer, aux monts primitifs de la nouvelle Calédonie, la charpente des contrées Australes : la seule position de cette Isle, à environ 500 lieues, soit de la nouvelle Zélande, soit de la nouvelle Hollande, soit de la nouvelle Guinée, manifeste assés son origine. Ces quatre extrémités du monde Austral, ont été projettées à la fois par leurs Chaînes primitives, dans l'antique conflagration du globe. Ces Chaînes s'élèvent graduellement par la retraite des mers; et le temps viendra que le bassin qui sépare les quatre grandes Isles étant à sec, il n'en résultera qu'un seul Continent, qui pourra le disputer en étendue au nouveau monde.

Nous sçavons, soit par les faits, soit par

les probabilités, que le monde Austral est appuyé sur ses quatre flancs, de montagnes primordiales ; et d'après cette théorie, nous ne pouvons confondre l'antique projection de sa masse, avec l'expansion très-postérieure des cavernes Volcaniques, qui ont exhaussé quelques points de sa surface.

Cet exhaussement même des montagnes Australes par l'explosion du feu Volcanique, est moins appuyé sur des faits reconnus que sur des conjectures philosophiques. A l'exception des pierres-ponces et de la Lave de Basalte, que Cook a trouvées sur la côte de la nouvelle Zélande, ce grand navigateur a peu vu de traces d'incendie aux Terres Australes. IL PARAIT, dit-il ailleurs, en parlant des Açores, QUE PRESQUE TOUTES LES ISLES DE L'OCÉAN ATLANTIQUE, COMME CELLES DE LA MER DU SUD, CONSERVENT DES TRACES D'ANCIENS VOLCANS, OU CONTIENNENT ENCORE A PRÉSENT DES MONTAGNES ARDENTES QUI ONT DES ÉRUPTIONS :

mais ce texte, s'il y a un Continent Austral, ne détruit pas l'induction qu'on peut tirer de son silence ; or, ce Continent existe, quoiqu'encore caché à demi sous les eaux; et nous ne tarderons pas à en voir un premier indice, si nous ramenons notre vaisseau philosophique à la recherche des Archipels.

Le premier qu'on rencontre, en quittant les Terres Australes sont ces Molucques, qui, sans le génie du philosophe Poivre, fourniraient encore des épiceries aux trois mondes.

Le Portugais, Jean de Barros, croyait, sur la foy des prêtres Indiens, plus ignorants que ceux de l'ancienne Égypte, et non moins présomptueux, que Ternate et la plupart des Molucques devaient leur origine à une certaine FLEUR DE TERRE, enlevée des flancs de cette Chaine des Gates, qui s'étend l'espace de deux cents lieues du Nord de l'Inde, jusqu'au Cap de Comorin. Le méchanisme

chanisme de cette projection, suivant cette fable sacerdotale, était dû aux eaux qui descendaient de ces montagnes, dans les Ouragans, en enlevaient la première couche, et la transportaient, à de grandes distances, au milieu de l'Océan. Il faut avouer que Jean de Barros avait une haute idée de la puissance des Ouragans, pour faire voyager ainsi de la FLEUR DE TERRE, en grandes masses, l'espace de plus de douze cents lieues : car il y a près de cinquante dégrés du Cap de Comorin à l'Archipel des Molucques.

Pallas, un peu plus instruit des mystères de la nature, que des prêtres, accoutumés à mentir sur l'origine des choses, affirme que l'Archipel des Molucques a une origine Volcanique, et son hypothèse est un peu plus philosophique ; mais l'extension qu'il lui donne, lui fait perdre son authorité : il a eu l'audace de prétendre, que les feux qui soulevèrent le fond des mers, firent naître d'un seul éclat, ou du moins par des secousses qui se succédèrent de prés; les Isles de la Sonde; les Molucques, et une partie des Philippines et des Terres Australes. Ce système non seulement accorde une trop grande sphère d'activité à des feux, qui s'affaiblissent naturellement, en frappant à la fois sur une quantité innombrable de voutes, mais encore contredit le grand principe, que le monde Austral tient à la première époque du globe, par la projection de ses montagnes primordiales.

Avant d'opposer nos idées à celles de cet homme célèbre, cherchons à justifier un moment la pensée fondamentale, de laquelle il est parti, pour bâtir son système : et, historiens plutôt que constructeurs du Monde Primitif, ne considérons ici que le Volcanisme des Molucques.

L'Isle de Sorca, est-il dit, dans les Transactions Philosophiques, était autrefois une des plus peuplées de cet Archipel. Une montagne ardente s'élevait à son centre, et n'occasionnait pas de grands désastres par ses éruptions ; mais en 1693, le Cratère du Volcan vomit du bitume et des substances inflammables, en si grande quantité, qu'il s'en forma un lac ardent, qui s'étendit peu à peu, jusqu'à ce que l'Isle entière fut abimée et disparut.

L'an 1646, au rapport de l'historien des Molucques Argensola, le Volcan de l'Isle de Machian se fendit, avec un fracas épouventable, et il sortit tant de feux par cette ouverture, que plusieurs négreries avec leurs habitants furent consumées. On voyait encore, quarante ans après, cette fente prodigieuse, qui descendait verticalement du haut en bas de la montagne, comme une grande route qu'on y aurait tracée.

Les navigateurs de la Compagnie des Indes Hollandaise, nous représentent l'Isle d'Amboine, comme dévastée sans cesse par les feux Volcaniques. Le fort de la Victoire est désert, à cause des tremblemens de terre, qui ébranlent les grands édifices, et vont jusqu'à fendre les rochers. En 1672, plusieurs montagnes ardentes restèrent entr'ouvertes : des villages entiers furent engloutis, dans les entrailles de la terre, et le sol où ils étaient placés, offre encore des espèces de Cratères, qui ont jusqu'à cent cinquante pieds de profondeur.

C'est à Ternate, qu'on trouve le Volcan le plus fameux des Molucques. « Au centre » de l'Isle, dit Argensola, il y a une mon- » tagne qui a deux lieues de haut, au som- » met de laquelle on voit l'ouverture d'une » profonde caverne, qui semble pénétrer » jusqu'au centre du Volcan, et si large » en même temps, qu'on peut à peine dis- » tinguer un homme placé au point cor- » respondant du diamètre du Cratère. Un » grand Alcade eut la curiosité de mesurer » avec des cables, la profondeur de cet » abyme, et il la trouva de 2500 pieds. Les

« flancs en sont mobiles, à cause les feux
» qui sont renfermés dans l'intérieur de la
» montagne. Ce Volcan jette, dans ses
» éruptions, beaucoup de souffre, mêlé
» avec de la terre et des pierres rouges, qui
» en sortent avec l'impétuosité d'un boulet
» lancé du calibre d'un canon : il est très-
» probable que la montagne, vers sa base,
» est pleine d'énormes concavités, d'où il
» s'échappe des flammes, et des pierres
« embrasées, qui vont porter l'allarme jus-
» qu'à vingt lieues du théâtre de l'explosion.

Ce récit confirme singulièrement toute notre théorie sur les feux Volcaniques : s'il s'en écartait un moment, ce ne serait que par la hauteur prodigieuse que donne Argengensola au Volcan : mais heureusement Timb, gouverneur des Molucques, pour les Hollandais, déclara en 1626, que d'après une mesure très-scrupuleuse, on n'avait trouvé de hauteur perpendiculaire à la montagne, qu'un peu plus de 367 brasses, c'est-à-dire, 7 pieds : il est probable qu'Argensola, d'ailleurs historien très-véridique, n'a voulu dire autre chose, sinon que du bord de la mer au haut du Cratère, on monte l'espace de deux lieues.

Mais tout Volcanique qu'est le sol des Molucques, je ne puis me persuader que cet Archipel ait été projetté hors des mers, par l'expansion des cavernes incendiées, comme Otahiti et les Nouvelles Hébrides.

Je ne m'arrête ni sur le petit nombre de montagnes qui brulent dans un espace aussi immense, ni sur la datte moderne de leurs éruptions, ni sur l'épaisseur de l'enveloppe végétale qui couvre, suivant les historiens, les plaines des Isles principales : mais les Molucques sont hérissées, au rapport d'Argensola, de Chaînes de montagnes, dont tout indique l'origine primordiale ; et on ne peut guères douter qu'elles ne communiquent sous la mer, non seulement entr'elles, mais encore avec celles de la Nou velle Guinée, qui n'est séparée que par un détroit, de l'Isle la plus Orientale de cet Archipel.

L'Archipel de la Sonde, communique à celui des Molucques, par l'intermède de l'isle Célèbes, où Macassar, qui n'est séparée du premier, que par une journée de navigation, et de l'autre par une distance de quatre-vingt lieues.

L'Isle Célèbes, une des plus grandes de l'Océan Indien, ayant 160 lieues du Nord au Midi, et soixante de l'Est à l'Ouest, renferme, suivant tous les voyageurs, une haute Chaîne de montagnes dans son sein, mais n'offre aucun Volcan parmi elles, et sur son sol, tout noirci qu'il est par le Soleil, aucune trace d'incendie.

Le canal de Maçassar, qui sépare l'Isle Célèbes de celle de Bornéo, la plus Orientale des Isles de la Sonde, a à peine quarante lieues; et rien ne ressemble plus à un continent, qui s'élève peu à peu par la retraite des mers, que cette Bornéo, à qui les géographes donnent 600 lieues de circonférence, et qui, sur une si prodigieuse étendue de terrain, n'a aucune bouche ardente, par où s'exhale le feu qui doit dévorer ses entrailles.

Un nombre prodigieux de grandes et de petites Isles répandues çà et là dans la mer des Indes, semble destiné à remplir un jour l'intervalle qui sépare Java et Sumatra de Bornéo : alors l'Archipel de la Sonde ne formera plus qu'un seul massif : les trois grandes Isles qui le composent communiqueront par des plaines découvertes, après avoir communiqué, pendant des myriades de siècles, par les seules Chaînes sous-marines de leurs montagnes.

Java, qui a deux cents lieues de l'Est à l'Ouest, sur une largeur inégale de 20 à 40, n'offre pas d'autre montagne ardente que celle de Panarucan : encore ce Volcan semble-t-il tout à fait moderne : il n'a pas eu d'éruption connue, avant 1586 : il est vrai qu'elle fut terrible : la colonne de fumée qui sortit de son Cratère obscurcit le soleil pendant trois jours : et les pierres embrasées qu'il vomit, coutèrent la vie à dix mille hommes.

L'Ile de Java n'est séparée de celle de Sumatra, que par un petit bras de mer, qu'on appelle le détroit de la Sonde, et dont le Cratère est encore occupé par un vaste banc de terre désigné dans les cartes, sous le nom d'Ile du Milieu : la navigation est si embarrassée dans ces parages, qu'on pourrait, sans écart philosophique, prédire que Java et Sumatra, seront réunies, avant même que la Sicile le soit à l'Italie, et la France à la Grande-Bretagne.

Sumatra qui présente une surface de 300 lieues, dans sa plus plus grande dimension, sur une largeur moyenne de soixante et douze, est coupée dans toute sa longueur par une haute Chaîne, qui a toutes les apparences d'être primordiale : le seul Volcan qui lui soit adossé, est celui de Balatam, peu redoutable par ses explosions il faut observer que cette première des Isles de la Sonde, n'est séparée de la presqu'Isle de Malaca, qui commence le grand continent de l'Asie, que par un canal qui, souvent n'a que dix lieues.

Ce tableau de toutes les Isles qui couvrent l'Océan Indien, depuis l'Inde jusqu'aux Terres Australes, nous conduit à une découverte qui a échappé à tous les historiens du globe, parce qu'il n'y a eu encore aucun Newton parmi les géographes.

Voici cette découverte : si on prend la seconde partie de la grande carte de l'Asie de Danville, combinée avec celle qui est à la tête du troisième voyage de Cook, et qu'on se représente l'ensemble de cette vaste étendue de terres et de mers, qui s'étend d'un côté, depuis le promontoire du Diamant, à l'Isle de Sumatra, jusqu'à une petite Isle de Codopuci, au dessus de la nouvelle Guinée, et qui de l'autre comprend cinq dégrés au dessus de l'Équateur et dix au dessous, de manière que la ligne coupe Timor, la plus Méridionale des Molucques, on aura la figure d'un immense parallèlogramme, dont un des côtés sera de 225 lieues et l'autre de 875 : or cette surface immense, où il y a infiniment plus de terres que de mers, offre, à n'en pouvoir douter, les premiers liénaments d'un monde, en partie enseveli sous les eaux, qui s'élève par dégrès, jusqu'à ce qu'il se réunisse d'un côté au continent de l'Asie, et de l'autre, à celui des Terres Autrales.

Si l'on réfléchit sans préjugé sur la manière dont tous ces Archipels semblent projettés dans l'Océan, sur leur correspondance mutuelle, sur leur espèce de contact d'un côté avec la presqu'Isle de Malaca, et de l'autre avec la nouvelle Guinée, sur l'étendue prodigieuse de Gilolo, de Célèbes, de

Java, de Sumatra, et de Bornéo, sur le peu de Volcanisme de leur sol, sur l'énorme massif de leurs montagnes primordiales, il est difficile qu'on se refuse à une idée si naturelle, quoique si neuve ; mais le moment n'est pas venu de tirer cet apperçu de l'ordre des conjectures philosophiques, pour en faire un des théorèmes de la géographie du globe.

Le seul Archipel de la mer des Indes, qu'on rencontre à l'Occident après les Isles de la Sonde, est celui des Maldives. Il offre peu de Volcanisme, du moins si on en juge par le récit de Pyrard, qui n'y aborda, au commencement du siècle dernier, que pour y faire naufrage.

Il serait difficile, au reste, de donner une grande sphère d'activité à des Volcans, qui ne s'exerceraient que sur quelque points en surface : car comment désigner autrement douze mille Isles, qui, entr'elles toutes, occupent à peine une étendue de

200 lieues, sur une largeur de trente ? d'ailleurs son historien n'y a point vû de hautes montagnes : ce sont, pour la plupart, de faibles écueils, séparés par de petits détroits, dont le fond est de roche, et qui n'ont que vingt brasses dans leur plus grande profondeur. L'inspection attentive de ces parages, annonce que l'Archipel n'est tout entier qu'un grand banc continu, dont toutes les parties tendent à se réunir ; ce qui en est projetté hors de l'Océan, ne doit être considéré que comme les Pics de ses montagnes.

On compte environ cent cinquante lieues des Maldives, au cap de Comorin, à l'Isle de Ceylan et aux grouppes des Laquedives : tout cet intervalle de mers, dont la navigation est difficile à cause des bas-fonds, s'élève graduellement, jusqu'à ce que la presqu'Isle de l'Inde, ne forme qu'un seul continent avec Ceylan et les deux Archipels.

Si au sortir des Maldives, on prolonge

sa navigation vers l'Afrique, et qu'on double ensuite le cap de Bonne-Espérance, on ne rencontre dans cette vaste étendue de mers, aucun Archipel avant le Cap-Verd. Cette route, d'environ cent quarante dégrés ou 3500 lieues, se fait dans le vrai lit de l'Océan : car rien n'annonce, dans ces parages, des terres qui s'élèvent lentement sous les eaux : aucune montagne sous-marine ne désigne que l'Afrique communique par l'Est à la Nouvelle Hollande ; et par l'Ouest à la partie Méridionale du nouveau monde.

Les dix Isles moyennes et les quatre écueils qui forment l'Archipel du Cap-Verd, malgré la prodigieuse quantité de sel qui s'y forme naturellement, quantité telle, que la seule Isle de Mayo en fournirait tous les ans la charge de deux mille vaisseaux, ne sont point un amas de montagnes secondaires, organisées lentement par les eaux : d'un autre côté, l'intervalle de cent cin-

cinquante lieues qui les sépare de l'Afrique, empêche de supposer qu'elles ayent été arrachées de ce continent par quelque révolution du globe : c'est vraiment un Archipel Volcanique, projetté hors de l'Océan par l'expansion de quelques cavernes incendiées, à une époque qui touche au moyen age.

Le foyer de l'incendie Volcanique se trouve sous la voute, qui soutient à une grande profondeur dans l'Océan l'Isle de Feu : cette Isle, la plus haute de l'Archipel, nous est représentée comme une seule montagne, prolongée depuis le rivage, jusqu'au Cratère du Volcan.

« Le Pic de cette Isle ardente, vomit sans cesse des tourbillons de fumée et de flammes, qu'on apperçoit même pendant le jour, à trente lieues en mer : il s'échappe aussi, pendant ses explosions, des ruisseaux de souffre qui coulent des flancs du Cratère, anéantissant sur leur route jusqu'aux traces de toute végétation. Ce fléau est accompagné de nuages de cendres et de pierres-ponces, et quelquefois de quartiers de rochers, qui, après s'être élevés à une hauteur immense, vont se briser sur le penchant de la montagne, avec un fracas qui effraye encore à une distance de neuf lieues.

Les Insulaires, qui sont trop dévots pour être physiciens, attribuent la première éruption de cette montagne embrasée, aux sortilèges de deux prêtres, qui, pour se venger l'un de l'autre, mirent l'Isle en feu, et périrent eux-mêmes dans un incendie qui était leur ouvrage. Mais cette anecdote ne signifie autre chose, sinon que l'époque de la projection de l'Archipel du Cap-Verd ne remonte pas à la naissance des ages. Cette conjecture se fortifie par la tradition rapportée dans le voyage Anglais du capitaine Roberts : » Qu'originairement l'Isle » de Feu n'avait point de Pic, qu'il s'est » formé par degrés depuis l'éruption des » flammes; et que chaque année ajoute » quelque à quelques toises d'élévation à son Cratère.

La distance des Isles du Cap-Verd à celle des Canaries n'est pas assés grande, pour ne pas supposer, sous l'Océan Atlantique, des galeries de communication entre les deux Archipels.

Les Canaries, au nombre de 14, dont huit Isles moyennes, si on y comprend Madère, et six espèces d'écueils qui les accompagnent, se prolongent le long de la côte d'Afrique, dont la plus proche n'est guères éloignée que de quarante lieues. Ce nom de Fortunées, qu'elles tiennent des anciens, annonce que le feu Volcanique qui dévaste les principales, n'avait pas encore soulevé le sol de leurs montagnes, au temps des Strabon, des Pline et des Ptolémée.

On distingue trois foyers dans cet Archipel : l'un sous l'Isle de Fer, si connue de nos astronomes, parce qu'ils y placent le premier méridien, qui sert à compter les longitudes : le Volcan qu'elle recèle dans son sein, s'ouvrit en 1667, pendant qu'un tremblement de terre affreux renversait Port Royal à la Jamaïque.

Une autre caverne Volcanique soutient l'Isle de Palma; la bouche ardente par où son feu s'exhale, s'ouvrit en 1652, après un tremblement de terre, dont les secousses agitèrent d'autres Isles du même Archipel.

Mais le vrai centre de l'incendie sou-marin est à l'Isle de Ténériffe. Le Pic de Teyde qui domine sur elle, est d'une telle élévation, qu'il faut monter pendant sept lieues, depuis sa base, pour atteindre à la hauteur de son Cratère; c'est de là qu'on apperçoit les vingt mille rochers qui forment la charpente de l'Isle, pyramides antiques de la nature, qui représentent de loin les ruines d'une Palmyre ou d'une Persépolis.

Les Guanches, qui sont les habitants Indigènes de Ténériffe, regardaient le Pic de Teyde comme le soupirail du Tartare;

les Espagnols y substituent encore aujourd'hui l'enfer de leurs théologiens; et il faut avouer que le spectacle des éruptions de ce Volcan, prête beaucoup á ces phantômes de la crédulité: On ne peut approcher sans danger de ce Pic célèbre; le philosophe Anglais, Edens, qui le visita en 1715, vit sur sa croupe un grand nombre de torrents de soufre enflammé, qui descendaient, en formant mille sentiers tortueux; dans d'autres endroits, le sol même est brulant, ou couvre sous une légère enveloppe d'immenses abymes, qui menacent à chaque instant le voyageur présomptueux, du sort d'Empédocle.

Le Cratère principal forme une Ellipse, dont le petit diamètre a 660 pieds, et le grand 840 : il en sort presque toujours de la fumée ou de la flamme : comme il y a une espèce de plate-forme sur les flancs de la montagne, avant d'arriver au Pic, cette Zone reçoit la plus grande partie des r chers embrasés que lance le Volcan et qui s'y amoncèlent : on en compte des amas de plus de 360 pieds d'étendue : monument terrible de ses anciennes explosions.

Quoique le Pic de Teyde s'annonce toujours comme une montagne ardente, il n'y a pas eu de vraye éruption depuis 1304 : c'est à cette époque, que le beau port de Garrachica, comblé par les Laves brulantes, cessa d'exister.

Ce fameux Pic de Ténériffe a long-temps été le domaine de la mer. Cook a observé que les montagnes qui couraient depuis la crète de la Chaîne jusqu'à la mer, semblaient avoir été battues, par les vagues, qui y avaient laissé leur empreinte.

Madère, très éloignée des Canaries, dont elle fait partie, suivant les géographes, ne tient que par des cavernes soumarines, obstruées, aux trois foyers de l'Archipel : elle a eu des montagnes ardentes dans son sein, mais qui ne brulent plus depuis long-temps. Cook, par un texte précieux, va nous instruire, soit de l'état présent de cette Isle, soit de son antique origine.

» Il y a de grandes raisons de croire que
» Madère est sortie anciennement du sein
» de la mer, par l'explosion d'un Volcan.
» Toutes les pierres, jusques dans leurs
» plus petits fragmens, paraissent avoir été
» brulées, et l'espèce de sable qui couvre
» le sol, n'est lui-même qu'une cendre
» Volcanique : quoique je n'aye vu qu'une
» petite partie de la contrée, je tiens des
» Insulaires, qu'il en est exactement de
» même de l'Isle entière.

Les Canaries forment une espèce de triangle, avec les Isles du Cap-Verd et les Açores; et tout indique une communication sousmarine, entre les foyers d'incendie des trois Archipels.

Il est inutile de s'étendre beaucoup sur le Volcanisme des Açores : j'ai déjà eu occasion d'en parler plusieurs fois, dans le cours de cet ouvrage. J'ai fait connaître cette roche Volcanique, formée de masses ferrugineuses, lancées au dessus des eaux, qui s'éleva, en 1720, au milieu de cet Archipel. J'ai observé qu'à cette époque, un consul de Lisbonne remarqua avec effroy, qu'à mesure que l'Isle nouvelle, se projettait au dessus de l'Océan, le sommet du Volcan de Saint Georges dans l'Isle du Pic, s'abbaissait, quoiqu'il y eut un intervalle de mers, de plus de trente lieues, entre les deux théâtres d'explosion.

Cook a parlé du Volcanisme de Fayal, une des Canaries : il a observé au sommet d'une de ses collines, une profonde vallée circulaire, d'environ deux lieues de circonférence, qu'il regarde avec raison comme le Cratère d'un Volcan, qui brulait à un age, dont ce monument muet a seul conservé la mémoire.

L'Isle de Saint-Michel est la plus Volcanique des Açores : en 1591, il y eut une éruption au Cratère de sa montagne ardente, qui fut d'une telle violence, qu'elle parut imprimer un mouvement de rotation aux Isles de Tercère et de Fayal : la ville de Villa-Franca en fut renversée, et la plupart de ses habitants ensevelis sous les décombres. L'explosion de 1628, fit naître près du rivage, en un endroit où il y avait plus de 900 pieds d'eau, un écueil Volcanique d'une lieue et demie de long, qui s'éleva sur l'Océan de plus de 60 toises.

Rentrons maintenant dans les cavernes sousmarines de l'Océan Atlantique, et nous guidant par la trainée de feu qui lie ensemble les trois Archipels, retournons au foyer Volcanique de Cap-Verd. Si de cette dernière position, nous suivons à l'Ouest, l'espace d'un peu plus de trente dégrés, une ligne parallèle au Tropique du Cancer, nous tombons aux Antilles : à ce majestueux Archipel, étendu comme une Zône, à l'entrée du golfe du Mexique, pour protéger un vaste continent contre les fureurs de la mer du Nord, qui, malgré l'Isthme de Panama, tend sans cesse à se réunir à celle du Sud, en coupant le nouveau monde en deux Péninsules.

Le sol des Antilles est très-Volcanique sans doute : on peut en juger par les affreux tremblemens de terre qui désolent la Martinique, la Jamaïque, Saint-Domingue et la plupart des Isles de cet Archipel : je suis même tenté de croire que l'incendie des cavernes sousmarines, se propage sous l'Isthme de Panama, et va allumer les Volcans de Pichinca et de Cotopaxi, de l'autre côté du nouveau monde.

Ces considérations ont peut-être engagé les deux physiciens de Luc, à avancer, que les Antilles étaient nées d'antiques éruptions de feux souterreins, cachés dans les entrailles du globe.

Dans le plaisir de faire engrenerensemble toutes les roues d'une machine systéma-

tiqué, pour la faire marcher, ne me fera
point sacrifier ce que je crois la vérité à
d'ingénieuses hypothèses : la composition
régulière des couches de la plupart des Antilles jusqu'au sommet de leurs Chaînes,
l'absence des Volcans sur leurs montagnes,
la quantité d'écueils et de bas-fonds qui
hérissent les intervalles de cet Archipel,
tout me persuade que c'est une Zône immense de terre, qui s'élève graduellement,
pour réunir un jour le Nord et le Midi de
l'Amérique, par la Floride et la Côte où
est l'embouchure de l'Orénoque. Alors le
golfe du Mexique ne sera plus qu'une mer
Caspienne : mais n'anticipons pas sur les
détails postérieurs de notre théorie. Il suffit de jetter ici une pierre d'attente, sur
laquelle je puisse poser bientôt la galerie
de communication, entre les deux grands
ouvrages de la nature, le monde organisé
par l'Océan et le monde projetté par le feu.

Après avoir parcouru tous les Archipels

qui couvrent les mers extérieures du globe ;
terminons notre tableau, par un examen rapide des deux principaux de notre Méditerrannée, c'est-à-dire, de ceux de la Grèce et de l'Italie : mais comme ici l histoire de notre age, se lie avec celle des siècles de Périclès et d'Auguste, et de là par un fil invisible à celle des temps primitifs, il n'est point indifférent de considérer à part les phénomènes de la projection de ces Archipels.

DE L'ARCHIPEL VOLCANIQUE

DE LA GRÈCE.

La géographie du globe primitif n'est point celle des empires existant sur sa surface; ainsi laissant là toutes ces petites divisions indiquées par les historiens d'un monde mobile, qui change sans cesse ses limites, je ne m arrêterai qu'aux vrayes lignes de démarcation, tracées par la nature sur nos continents : par exemple nos Strabon et nos Danville sous prétexte que les Grecs ont dominé, soit par leurs Métropoles, soit par leurs Colonies, sur toutes les Isles de la Méditerrannée, indiquent, sous le nom d'Archipel Grec, non seulemen, les Isles qui entourent le Péloponèse, mais encore celle de Chypre, qui, avoisine le continent de l'Asie : la Sicile, la Corse et la Sardaigne, qui sont dans la circonscription de l'Italie, et quelquefois même les Isles Baléares qui touchent à l'Espagne. Cette dénomination vague des géographes n'est bonne que dans les annales Grecques ; mais dans l'histoire de la Terre qui s'organise, il faut classer avec plus de précision, cette énorme quantité d'Isles qui couvrent nos mers intérieures, depuis le Pont-Euxin jusqu'au détroit de Gibraltar.

Le véritable Archipel de la Grèce, environne à l'Est, à l'Ouest, et au Midi, le Péloponèse : il ne s'étend pas dans la Méditerrannée au delà de l'Isle de Crète.

L'Isle de Chypre est de la dépendance de la Syrie, dont elle ne se trouve séparée que par un détroit : d'ailleurs elle ne tient qu'accidentellement à l'histoire du Volcanisme : ce n'est que dans notre moyen âge, et sous l'empire de Titus, qu'un Volcan se forma dans une de ses montagnes secondaires, et anéantit plusieurs villes qui ne s'attendaient pas à ses éruptions : cette Isle n'est point essentiellement Volcanique : l'Olympe, sa Chaîne centrale, à qui on donne près de quatre milles de hauteur inclinée et cinquante-quatre de base, est assurément une montagne primordiale, qui, prolongée sous la mer, tient au Liban et à l'Antiliban : un jour viendra que, par la retraite des mers, l'Isle de Chypre liée au continent de l'Asie, ne formera qu'une Péninsule ; comme le Péloponèse lui même s'est lié avec le grand massif de la Grèce, avant le naufrage de l'Atlantide ; comme cette Chersonnèse d'or, dont nous avons fait la Presqu'Isle de Malaca, s'est réunie au continent de l'Inde, à une époque antérieure à la chronologie de Callisthène.

Les Isles Baléares, par les mêmes considérations philosophiques, ne doivent être regardées que comme une appendice sous-marine de l'Espagne.

Quant à la Sardaigne, à la Corse, et surtout aux Isles Éoliennes et à la Sicile; elles ne doivent trouver place, dans cet ouvrage, que dans le tableau de l'Archipel Volcanique de l'Italie.

Avant de prononcer sur la projection d'une partie de l'Archipel Grec, il faut justifier, par les faits, sa conflagration primordiale.

La première Isle un peu importante qu'on rencontre, au sortir de l'Hellespont, entre la Thrace et l'Asie Mineure, est celle de Lemnos, dont le vulgaire Musulman a fait Stalimène; or nous savons par Hésychius, que son Mont Mosycle est un Volcan, dont le Cratère vomissait des feux, dans la plus haute antiquité; ce sont même ses éruptions, qui, chez un peuple, où la langue de la physique était pleine d'images, a fait créer la fable ingénieuse des forges de Vulcain.

Au Sud-Est de Lemnos, se trouve projettée

l'Isle de Lesbos ou de Mitylène, qui passait, dans la géographie Grecque, pour une des sept grandes Isles de la Méditérannée, quoique de nos jours elle n'ait, ni par son étendue ni par sa population, aucune influence dans l'Archipel.

Il est certain qu'à voir aujourd'hui cette faible Colonie de pêcheurs, qui tremble à la plus légère menace d'un Aga de Janissaires, on a de la peine à reconnaître une Isle puissante qui seule, dans les guerres de la Grèce contre les Perses, équipait des flottes de soixante et dix voiles: mais ces contradictions apparentes s'expliquent par le Volcanisme de Lesbos; il est hors de doute que, dans les temps primitifs, cette Isle n'eut une très-grande étendue; mais sa conflagration, en ouvrant son sein déchiré à la mer qui battait ses rivages, occasionna sa submersion partielle: nous sçavons par Pline, que des neuf grandes Villes qui composaient sa population, la plupart furent ruinées par des tremblemens de terre, ou submergées par les vagues qui s'amoncelèrent sur sa surface : déjà sous les premiers Césars il n'en restait plus que trois, Éresos, Pyrha et Mitylène sa capitale : aujourd'hui Tournefort n'y a guères trouvé que des villages.

La destruction de Lesbos, par les suites de son Volcanisme, se prouverait, en mettant seulement en regard des textes des anciens, qui, à diverses époques, ont diminué graduellement sa circonférence : cette Isle, suivant une tradition transmise par Isidore, avait cent soixante-huit mille pas, ou vingt de nos lieues légales, de tour ; et d'après une autre, que Pline nous a conservée, et qui remonte à la première population de la Grèce, cent quatre-vingt-quinze mille, ou vingt quatre lieues. Entre ces deux époques, on pourrait placer la mesure donnée par Strabon et par Agathémère, qui se réunissent à fixer son circuit à onze cents stades, évaluation qui donne vingt-deux lieues ; mais une pareille discussion absorberait tout l'intérêt de cet ouvrage, et nous ne devons offrir que des résultats, dans une Histoire Philosophique du Monde Primitif.

Je suis tenté, malgré les montagnes de marbre blanc, que Tournefort a trouvées dans Samos, de joindre cette Isle à l'Archipel Volcanique de la Grèce, parce que ces monts, quoique de composition régulière, n'excluent pas les Cratères, et par conséquent les ruines de la Chaîne centrale ; parce que nous sçavons que Samos a été arrachée, dans les premiers âges, du Continent de l'Asie, dont elle n'est séparée aujourd'hui que par un léger bras de mer ; parce que les tremblements de terre y ont été très-fréquents, tant que l'Isle a eu un foyer de conflagration ; et que ces convulsions du globe n'ont pour origine que le feu Volcanique, quoique le bon Plutarque

ne les attribue dans Samos, qu'aux hurle-
ments des Amazones, à mesure qu'elles
étaient tuées par le Bachus du Monde
Primitif.

Rhodes a encore plus de droits à une
origine Volcanique que Samos : toute l'antiquité s'accorde à dire que cette Isle fut
long-temps cachée sous les flots ; et ce fut
par une éruption subite, et non par la diminution successive de la mer, comme le
fait entendre l'éloquent auteur de notre
Histoire Naturelle : il est impossible de lire
à cet égard Pline et Ammien Marcellin, sans
se convaincre de plus en plus qu'il faut souvent admirer Buffon, et rarement le croire:
d'ailleurs, il est difficile de ne pas voir les
mugissements sourds d'un Volcan en éruption, dans ce que disent les Pindare et les
Callimaque du mont Atabyron, où DES
GÉNISSES D'AIRAIN BEUGLAIENT, TOUTES LES
FOIS QUE L'ISLE ÉTAIT MENACÉE DE QUELQUE
DÉSASTRE; Il l'est encore plus de se refuser

à croire à la conflagration primitive de Rhodes, quand on sçait que de temps immémorial, elle vit les tremblements de terre, secouer le sol de ses plaines, ruiner ses villes, et renverser enfin son magnifique colosse du Soleil.

Si, revenant sur ses pas, et se rapprochant de l'Europe, on examine la partie de l'Archipel Grec, qui est au devant de l'Attique et de la Béotie, on rencontre d'abord une longue bande de terre, connue sous le nom d'Eubée, et qui n'est séparée du continent que par un faible détroit; cette Isle porte évidemment l'empreinte d'une terre Volcanique; on sçait par Strabon, par Étienne de Byzance et par Thucydide, qu'elle fut de tout temps sujette aux tremblements de terre, sur tout du côté du détroit de l'Euripe, par où, dit le géographe du siècle d'Auguste, elle reçoit des vents souterreins; ces tremblements de terre, quand ils avaient quelque violence, tarie saient sa fontaine d'Aréthuse, et les eaux Thermales de sa ville d'Edepse, qu'on appellait les bains d'Hercule, faisaient écrouler une partie de son promontoire Cenée, et renversaient les remparts de sa Métropole d'Orée, avec sept cents édifices. Dans une autre occasion, la ville d'Orobies ayant été secouée par ce feu dévastateur, la mer, sous laquelle était le foyer de l'incendie, franchit ses limites, et vint couvrir de ses flots tout son territoire : « une partie de ce » qui était terre, fut alors rendu aux vagues, dit l'historien de la guerre du Péloponèse.

On entre, en quittant l'Eubée, dans l'Archipel des Cyclades, dont la plupart offrent des Cratères éteints, des montagnes de ruines, et des vestiges d'anciens tremblemens de terre, indices manifestes de leur conflagration primordiale.

Délos, quoiqu'une des plus petites Isles de cet Archipel Volcanique, semble, à cause de ses temples et de ses oracles, une de celles qui a le plus de droit à la célébrité; son nom qui dérive du mot Grec, SE MANIFESTER, atteste son apparition subite, sur la surface des eaux : tradition conservée au temps d'Homère et d'Hésiode, et qu'ont fait assés pressentir les mythologues, toujours empressés d'expliquer la physique avec des fables religieuses, lorsqu'ils ont dit que Jupiter éleva tout d'un coup Délos au dessus de la mer, pour servir d'azile à Latone, qui ne sçavait où accoucher du fruit de ses adultères.

Aristote et Pline, historiens plus graves des phénomènes de la nature, en parlant de cette Isle dans leurs ouvrages immortels, ne disent pas un mot des couches de Latone : ils se contentent de faire dériver l'étymologie de Délos, de son apparition subite sur la Méditerrannée : apparition qui, dans la géographie générale du globe, ne peut s'expliquer qu'avec le Volcanisme.

Et si l'on doutait de cette explication,

il suffirait de faire remarquer combien de fois des tremblements de terre, attestés par Pline, par Hérodote, et par Thucydide, ont manifesté les restes de son incendie primordial.

Ces tremblements de terre, en ouvrant de tout côté aux vagues environnantes le sein de Délos, ont dû diminuer graduellement son étendue et sa surface.

Tournefort qui parcourait cette Isle, la première année de ce siècle, lui donne à peine huit milles de tour ; mais Pline atteste que dans l'age des Césars elle en avait quinze, et il est infiniment vraisemblable que sa circonférence était encore moins bornée, à l'époque de son explosion, qui tombe, suivant Solin, après le déluge d'Ogygès.

A l'extrémité méridionale des Cyclades, les feux internes du globe ont projetté un petit Archipel, qui va sans cesse en s'agrandissant, et qui menace de couvrir d'écueils embrasés l'intervalle de trente lieues de mers, qui sépare l'Isle Santorin, de la Crète.

Cet Archipel, qu'on pourrait appeller l'Archipel de Santorin, parce que l'Isle de ce nom, qui répond à la fois à la Théra et à la Thérasie de l'antiquité, semble le principal foyer de l'incendie, a beaucoup exercé le génie des géographes de la Grèce et de Rome : comme j'ai déjà eu occasion, dans les chapitres antérieurs, de les analyser ; je ne reviendrai que d'une manière rapide sur les faits qu'ils présentent ; mais je ferai précéder mon nouvel apperçu, d'un texte de Pline, que je n'avais pas fait connaître, texte prétieux et qui confirme tout ce que notre hypothèse fait pressentir, sur l'énergie du feu de la nature.

» Des terres nouvelles ont quelquefois
» une autre origine : on les voit s'élever,
» par une éruption subite, sur la surface
» des mers....

» Telles ont été, suivant une antique
» tradition, Rhodes et Délos; telles aussi

» des Isles moins considérables comme Ana-
» phe.... Néa..... Alone.... et sur-tout
» Théra et Thérasie, nées la quatrième
» année de la cent trente cinquième Olym-
» piade. Dans le groupe de ces mêmes Cy-
» clades, parut, cent trente ans après,
» Hyéra,... et de nos jours, on a vû Thia
» qui n'est qu'à deux stades d'Hyéra, s'élever
» de la même manière sur les vagues.

» Dans les mêmes parages, et tout près de
» la Crète, une tradition antérieure place
» l'éruption d'une Isle de ce genre, ren-
» fermant dans son sein des eaux Ther-
» males, et ayant deux mille cinq cents
» pas de circonférence.

» Un phénomène pareil a illustré le
« golfe de Toscane, la troisième année de
» la cent soixante troisième Olympiade;
» l'Isle qui naquit alors, ne s'éleva qu'avec
» un ouragan et des flammes : on prétend
» que l'explosion couvrit tous les rivages
» environnants, de poissons sans vie, et que

» tous ceux qui les mangèrent, périrent
» sur le champ.

» On ne peut expliquer autrement l'é-
» mersion du groupe des Pithècuses dans
« le golfe de Naples : au centre d'un de ces
» écueils, était un mont Épope, dont le
» Cratère s'ouvrit et jetta des flammes, en-
» suite le Volcan s'abbaissa et descendit au
» niveau de la plaine, sur laquelle il sem-
» blait assis....

» Dans un tremblement de terre qui dé-
» vasta ce même groupe, une Isle de Pro-
» chyte se forma des débris amoncelés des
« montagnes.

» C'est par le même méchanisme que la
« nature fait de temps en temps des Isles
» nouvelles ; qu'elle a arraché l'Eubée à
» à la Béotie, Macris et Atalante à l'Eubée,
» Besbyque à la Bithynie, Leucosie au pro-
» montoire des Syrènes, et sur-tout Chypre
» à la Syrie, et la Sicile à l'Italie.

Ce texte rempli de faits, écrit avec sagesse et sans esprit de systéme, forme lui seul une petite histoire du Volcanisme.

Et si l'on voulait mettre Pline en regard avec d'autres écrivains judicieux de l'antiquité, on verrait que ce grand naturaliste tient en main l'anneau d'une chaîne qui se perd dans la nuit des ages primitifs.

S'agit-il de la petite Isle d'Anaphe, que Pline place dans l'Archipel embrasé de Santorin ? Je lis dans les débris précieux de Conon, que le sçavant Photius nous a conservés dans sa BIBLIOTHÈQUE, qu'Apollon pour sauver du naufrage les Argonautes, la fit naître en un instant du sein des flots, au milieu des foudres qui embrasaient les airs. Cette explosion subite, au milieu d'une atmosphére embrasée et par le pouvoir du dieu de la lumière, annonce évidemment le Volcanisme d'Anaphe, sur-tout chez les Grecs, dont la belle imagination avait fait de la physique une galerie de tableaux.

Néa et Alone sont des écueils, dont la

position est trop problématique, pour mériter une place dans une géographie physique du globe ; cependant il ne serait pas impossible de prendre l'un d'eux pour une Isle Volcanique, à laquelle Strabon n'a pas fait l'honneur de donner un nom, quoiqu'elle lui semble digne, par les phénomènes de sa conflagration, de tenir un rang dans l'histoire de la nature.

» Dans le golfe d'Hermione, (qui répond
» à la mer de Crète), dit le géographe du
» siècle d'Auguste, une terre, de l'étendue
» de sept stades, sortit du sein de la mer, au
» milieu d'un tourbillon de flammes : cet
» écueil fut long-temps inaccessible aux na-
» vigateurs, à cause de la chaleur du sol,
» et de l'odeur sulphureuse qu'il exhalait ;
» on le voit tout en feu pendant la nuit ; et
» telle est l'intensité de la flamme, que, non
» seulement les eaux bouillonnent à l'entour,
» jusqu'à la distance de cinq stades, mais
» que, jusqu'à celle de vingt, elles perdent

» toute leur limpidité. L'écueil est couvert
» de rochers amoncelés, qui s'élèvent à la
» hauteur des tours des forteresses.

Je trouve aussi dans l'antiquité, des traits
de lumière sur l'origine de l'Hyéra de Pline :
Strabon, Sénèque, Justin et Pausanias accordent à attester son Volcanisme ; le premier, le plus énergique de tous, dit, ainsi
que nous l'avons déjà vu précédemment,
que l'Isle, composée d'énormes massifs de
rochers, parut s'élever du sein des eaux,
comme si elle avait été mue par des ins-
truments de méchanique : il ajoute
qu'après son éruption, elle parut avoir
douze stades de circonférence.

Théra et Thérasie, ou notre Isle de Santorin, meriteraient seules la plume d'un
Thucydide, s'il s'agissait d'écrire l'histoire
de leurs révolutions physiques, depuis leur
origine, jusqu'au commencement de ce
siècle, où leur conflagration a tant exercé
le génie de nos académies.

J'ai déjà jetté quelques linéaments d'une pareille histoire, à la page 107 de cette théorie du Volcanisme, et j'y renvoye, me contentant de relever ici une erreur de Pline, qui tendrait à infirmer nos idées grandes et neuves, sur la chronologie du globe.

Pline s'est trompé, en ne plaçant l'émersion primitive de Théra, que la quatrième année de la cent trente-cinquième Olympiade : car nous sçavons, par le premier historien de la Grèce, que cette Isle était au pouvoir de Battus, le fondateur de Cyrène, qui vivait bien long temps avant cette époque : il est hors de doute que le naturaliste de Rome a dû ne parler que d'un accroissement de Théra, ou plutôt du déchirement Volcanique, qui la sépara de Thérasie, et non de sa conflagration primordiale, qui remonte assurément avant la civilisation du Péloponèse.

J'ajouterai que le déchirement que je suppose, est d'autant moins hypothétique, que

Santorin a offert un phénomène de ce genre en 1508; un voyageur contemporain a écrit qu'un tremblement de terre arrivé le 24 de mai, s'annonça avec tant de violence, qu'il rompit cette terre Volcanique, et d'une Isle en fit deux : le Pyrrhonisme ne s'est point exercé sur cette anecdote.

Un de nos ambassadeurs à Constantinople, qui a vû la Grèce comme Pausanias, et qui l'a décrite avec plus de génie, le comte de Choiseul a donné un grand résultat sur tout cet Archipel Santorin : « tout l'espace, dit il,
» actuellement rempli par la mer, et contenu
» entre Santorin et Thérasie, faisait partie
» d'une grande Isle, ainsi que Thérasie elle-
» même. Un immense Volcan s'est allumé
» et a dévoré toutes les parties intermé-
» diaires. Je retrouve dans toute la côte de
» ce golfe, composée de rochers escarpés
» et calcinés, les bords de ce même foyer,
» et si j'ose le dire, les parois internes du
» creuset, où cette destruction s'est opérée.

» mais ce qu'il faut sur-tout observer, c'est
» l'immense profondeur de cet abyme, dont
» on n'a jamais pu réussir à trouver le
» fond.

Si je tourne le Péloponèse du côté de
l'Occident, je cesse de trouver des traces de
Volcanisme dans l'Archipel Grec; je n'en
rencontre ni dans les écueils des Strophades,
que les poëtes avaient donnés en appanage
aux Harpyes, ni dans ce petit rocher d'I-
thaque, ou Pénélope attendit vingt ans le
retour d'Ulysse, encore moins dans les Isles
plus considerables de Zacynthe, de Leu-
cade, de Corcyre et de Céphalenie, aux-
quelles les poëmes d'Homère ont fait par
tager leur immortalité.

Une seule petite ISLE BRULÉE, voisine de
Cythère, et qui, suivant Dapper, reçut ce
nom des feux sonterreins qui l'incendièrent,
peut être ajoutée à l'Archipel Volcanique
de la Grèce; mais il faut observer, que cet
écueil embrasé se trouve dans le voisinage

de la Crète, qui me semble la dernière terre projettée dans ces parages par le feu interne du globe.

L'Isle de Crète, la plus grande de l'Archipel du Péloponèse, et la plus importante sans doute, parce que, située à portée de plusieurs mers, elle semble la clef de l'Europe, de l'Asie et de l'Afrique: l'Isle de Crète, dis-je, est, malgré son étendue, une terre incendiée : le baron de Tott, qui l'a parcourue de nos jours, n'a pu se dissimuler cette grande vérité physique.

» Tout y atteste, dit il, des Volcans éteints :
» nombre de montagnes ont leurs Cratères ;
» et j'ai trouvé, près du Cap Salomon, une
» couche de Laves qui couvrait en partie
» une petite Isle de marbre blanc.

Les Volcans de l'Isle de Crète brulèrent sans doute, dans cette haute antiquité, qui touchait à l'époque de sa projection ; et quand ils cessèrent leurs éruptions, toutes les traces de la conflagration primordiale de l'Isle ne disparurent pas : on peut en juger par les tourbillons de flammes, que vomissaient les cavernes de ses montagnes : l'antiquité prétend que c'est dans une caverne de ce genre que naquit Jupiter ; Minos y descendait tous les neuf ans, sous prétexte de conférer sur la constitution de la Crète, avec ce Paladin célèbre, qui se joua de la crédulité qui l'avait fait dieu, en faisant passer le Volcanisme de son séjour, pour le don de manier la foudre.

L'incendie primitif de l'Isle de Crète s'est d'ailleurs manifesté en tout temps, par des tremblements de terre : celui qu'elle essuya l'an 500 de notre Ère vulgaire, a été le plus désastreux : car il renversa ses cent villes, et ce qui touchait encore plus l'antique superstition de ses peuples, le tombeau de Jupiter.

En rapprochant tous les traits divers du tableau que j'ai tracé, il résulte qu'il n'y a de Volcanique, dans l'Archipel Grec, que cet amas d'Isles qui bordent d'un côté l'Asie Mineure, et de l'autre, la Grèce Orientale : cette masse de terres brulées, répandues au sein de la mer, présente une espèce de parallélogramme, qui serait régulier, sans les deux Péninsules de l'Attique et de l'Argolide, et dont la largeur, depuis l'extrémité Septentrionale de l'Eubée, jusqu'aux bornes Orientales de Lesbos, serait de trois dégrès et demi, ou de quatre vingt sept lieues astronomiques, tandis qu'il embrasserait dans sa hauteur cinq dégrés ou cent vingt cinq lieues, depuis la naissance de l'Isle de Lemnos, jusqu'à l'extrémité méridionale de la Crete.

Si on a bien saisi tous les anneaux de notre grande chaîne de principes, on verra que la projection de cet Archipel embrasé n'a pu être simultanée ; comme l'énergie de la nature a toujours été en s'affaiblissant, depuis l'incendie primitif du globe au sortir du Soleil, il est évident que cet affaiblisdement gradué a dû se faire sentir jusques dans les effets du Volcanisme : ainsi je conçois que dans les ages les plus reculés, le feu interne qui dévorait notre monde primitif, a pu projetter hors de la surface des mers, les masses principales de l'Archipel Volcanique de la Grèce, telles que la longue Zone de l'Eubée et la Crete : mais ce n'est qu'à des époques très-postérieures, qu'il a pu organiser des Isles moins considérables, telles que Rhodes et Délos ; et maintenant que ce feu enchainé par la vieillesse de la nature, peut à peine se déployer, il ne lance plus que de petits écueils, tels que les bancs de rochers Volcaniques qui bordent l'Isle de Santorin.

DE L'ARCHIPEL
VOLCANIQUE
DE L'ITALIE.

C'est par l'Archipel Volcanique des mers de l'Italie, qu'il faut terminer le tableau de ceux, dont une nature pleine d'énergie a couvert l'espace intermédiaire des trois mondes.

Cet Archipel, un de ceux qui tient le plus immédiatement à l'organisation de notre globe primitif, comprend la Sicile, la Sardaigne, la Corse, peut-être le grouppe des Pythécuses, au devant de la Campanie, et surement les Isles fameuses de Lipari, dont la physique des poëtes composa autrefois la monarchie d'Eole.

Je ne renferme point, dans cette vaste

Zône, de terres Volcanisées, les montagnes brulantes de l'ancien territoire de Rome, le Monte-Nuovo, les champs Phlégréens et sur-tout ce mont Vésuve, dont les éruptions terribles nous ont fourni tant de faits pour l'histoire philosophique du Volcanisme ; toutes ces montagnes ardentes, soit qu'elles soient éteintes, soient qu'elles brulent encore, sont isolées sur le continent de l'Italie, n'ont point été élevées par la même projection, et ne doivent trouver place que sous le titre de Volcans solitaires, dans un autre chapitre de cet ouvrage.

Mais tout me porte à croire qu'un effroyable massif de terres Volcanisées, fut, vers le premier age de la nature vivante, lancé tout à-la-fois du sein des abîmes, par l'expansion du feu primordial : et ce massif, malgré l'irrégularité qui résulte aujourd'hui de sa position, entre le continent de l'Italie et l'Afrique, devait occuper dans la Méditerrannée, un espace au moins de douze dégrés ou 300 lieues, dans sa plus grande dimension : sur sept dégrés ou près de 180 lieues dans la plus petite : il n'en reste guères aujourd'hui de bien entier que la charpente latérale, c'est-à-dire, d'un côté la Corse et la Sardaigne, et de l'autre, le triangle de la Sicile.

Et si, dans une conception aussi hardie, j'éloigne tout ce qui pourrait ne présenter que l'idée d'une hypothèse, c'est qu'ici je marche au travers d'un Océan, inaccessible aux navigateurs qui m'ont précédé, avec deux sondes également à l'épreuve, avec celle de la philosophie et celle de l'histoire.

Les preuves tirées de la philosophie, vont faire l'objet de ce chapitre et de celui qui le suit; celles qu'offre l'histoire des temps antérieurs, seront plus à leur place dans la partie de cet ouvrage, où nous traiterons du naufrage de l'Atlantide : c'est alors que de la réunion de la philosophie et de l'histoire, pourra résulter un foyer de lumières, sur le problème le plus curieux peut-être, mais aussi regardé jusqu'à ce moment comme le plus insoluble, du monde primitif.

De ce qui reste de l'ancien massif Volcanique, projetté au dessus des mers de l'Italie, la partie la moins connue est assurément la SARDAIGNE : cependant cette Isle offre dans son Ellipse irrégulier, 55 lieues dans son grand diamètre, sur vingt-quatre dans le petit, c'est-à-dire, mille lieues quarrées de superficie : mais beaucoup de causes ont contribué à cette espèce d'oubli : son air mal sain, qui en faisait un lieu d'exil pour les Romains, sa faible population, et sur tout l'éloignement de ses sauvages habitants, pour tout ce qui pouvait étendre la sphère des lumières : la Sardaigne à cet égard est pour nous presque sans histoire naturelle ; nos Pline, nos Ferber, nos Hamilton n'ont pas daigné la parcourir, et toute située qu'elle est sous un des beaux ciels de l'Europe, elle lui est plus inconnue qu'Otahiti ou les nouvelles Hébrides.

Tout ce qu'on peut assurer, c'est que les monts inaccessibles, que Pausanias a décrits dans la partie septentrionale de la Sardaigne, et qui forment une Chaîne divisée en plusieurs rameaux, sont des Pics Granitiques, auxquels sont adossées des éminences calcaires et des montagnes de ruines, que sûrement le feu interne qui dévorait leurs entrailles a bouleversées : d'ailleurs ses eaux Thermales, ses Pyrites, ses mines de soufre, nous ont évidemment les traces de son ancienne conflagration : mais pour ne laisser aucun doute sur ce grand fait, nous allons nous arrêter sur l'Isle de Corse, qui, séparée d'elle, par un faible détroit de quelques lieues, et ayant ses hautes Chaînes dans le même plan, n'en est incontestablement que la prolongation ; et si l'histoire naturelle de cette dernière contrée, infiniment mieux connue, nous atteste clairement son incendie primordial, tous les nuages disparaîtront, et le Volcanisme de la Corse, sera, pour les hommes éclairés, la démonstration philosophique du Volcanisme de la Sardaigne.

C'est à un mémoire précieux d'un homme de guerre, du nom de Tural, que nous devons nos connaissances sur l'histoire physique de la Corse, et ce mémoire jette une grande lumière sur l'authenticité de notre théorie.

La Corse est divisée par une Chaîne de montagnes, qui commence au Nord vers le Cap-Corse, et finit du côté du Midi, aux bouches de Bonifacio. Le sommet le plus élevé de la Chaîne est au Monte-Rotondo, qui s'élève de 1549 toises au dessus du niveau de la mer : or, la composition de cette charpente de l'Isle est de nature à faire penser le physicien, sur la haute antiquité de son origine.

La Chaîne centrale est toute entière de

Granit, comme dans la tige-mère des Alpes, aux Cordillières ou au Caucase.

Busching, le premier géographe de l'Europe, atteste que les coquillages de mer se rencontrent en grande quantité sur les roches de cette montagne primordiale.

Enfin il paraît par l'ouvrage du naturaliste Barral, que le Volcanisme de la Chaîne est aussi démontré par ses Laves, que celui du Vésuve et de l'Hécla, par leurs éruptions.

Déjà, avant ce voyageur éclairé, on avait rencontré dans la Corse beaucoup de ce Basalte, qui est évidemment le produit de la conflagration, dans les grands fourneaux de la nature ; ce que ses recherches ont ajouté à cet indice, met ce phénomène à l'abri de toute atteinte.

Le Granit de la montagne primordiale, est coupé presque partout par des courants de Laves, dont l'épaisseur varie depuis deux pieds jusqu'à douze : dans les endroits où l'humidité n'a pas pénétré, l'adhérence de la roche au produit Volcanique est intime : ailleurs la superposition est manifeste : les courants partent tantôt du haut du Cratère éteint, tantôt de la Crête inférieure ; il y en a qui arrivent jusqu'au fond du vallon, et d'autres qui se perdent au milieu de la Côte.

Ce tableau nous annonce trois révolutions bien distinctes dans les annales physiques de la Corse.

Le Granit de la Chaîne centrale, prouve quel'Isle fut élevée par l'incendie primordial, bien long-temps avant le règne de la nature vivante sur la surface du globe.

Les coquillages qui sont épars sur les Pics des montagnes, attestent l'époque très-postérieure, ou la mer couvrait de ses vagues toute la Chaîne.

Et les Basaltes des plaines, ainsi que les courants de Laves qui sillonnent la Crête des monts primordiaux, démontrent que vers le temps où l'Océan, par sa retraite, laissa la terre divisée en plusieurs continents; une conflagration générale dans l'Isle se manifesta par l'éruption d'un nombre infini de Volcans, qui, à force de diviser le feu interne qui dévorait ses entrailles, s'éteignirent presque tous à la fois, après quelques siècles de dévastations.

Les mêmes phénomènes Volcaniques se montrent dans les trois Isles de Nisida, de Procida et d'Ischia, qu'on voit à quelque distance de la Campanie, et que les anciens connaissaient sous le nom de Pythécuses; j'ai longtemps hésité si je les ferais entrer dans le grand massif à demi submergé, soit parce qu'elles ont pu être détachées par quelque tremblement de terre du Continent de l'Italie, soit parce que leur structure indique peut-être leur émersion successive du sein de la mer : et dans le doute raisonné que m'ont laissé mes recherches, je me contenterai de jetter quelques coups de crayon sur leur conflagration primitive;

sans prononcer affirmativement sur leur origine.

La forme seule de Nisida décèle son Volcanisme : c'est un demi Cône creux, coupé verticalement : la moitié de l'ancien Cratère forme le port Pavone, et l'autre s'est probablement écroulée dans les flots.

Procida, dans les temps reculés, était unie à Ischia : Pline et Strabon nous en ont conservé la tradition primitive : mais une agitation violente, dans les cavernes sousmarines incendiées, l'en détacha, et sa structure actuelle atteste cette révolution Volcanique, du moins aux yeux, qui, comme ceux du chevalier Hamilton, sont habitués à lire l'histoire éloquente de la nature dans le tableau muet de ses phénomènes.

Ischia, ou l'ancienne Énarie, malgré sa séparation de Procida, a encore près de neuf lieues de circonférence : son sol est aussi Volcanisé que celui des champs Phlégréens : l'opacité et l'abondance de ses au ciennes Laves, prouvent la violence des éruptions de ses monts embrasés : il y en a une qui n'a pas moins de deux cents pieds de profondeur; le Pic le plus éminent est aussi haut que le Vésuve ; il répond au mont Épomée, des anciens, et semble une section du Cône de ce Volcan célèbre ; sa composition est toute entière de Laves accumulées; Timée, cité par Strabon, rapporte que peu de temps avant lui, cette montagne ardente, secouée par un tremblement de terre, avait vomi de son Cratère des tourbillons de flammes. La dernière éruption connue des Volcans d'Ischia, est de 1301, elle dura deux mois: le fleuve de feu qui coula jusqu'à la mer, fit périr un grand nombre d'hommes et d'animaux, et la plupart des habitants furent contraints de chercher un azile dans Naples ; depuis cette époque, tous les Cratères se sont obstrués, et le feu interne ne pouvant s'exhaler par ses soupiraux ordinaires, s'est manifesté par des tremblements de terre fréquents, qui, si les cavernes sousmarines s'écroulent, finiront un jour par faire subir à l'Isle entière, le sort de l'Atlantide.

Ce n'est que d'après une hypothèse, que je suis loin de garantir, que j'ai placé le grouppe des Pythécuses dans l'ancien massif de l'Archipel Volcanique de l'Italie; je me hâte donc de revenir vers la Corse, et de franchir avec la pensée l'espace, qui sépare cette Isle ardente, de celle dont le mont Etna fait de temps immémorial le théâtre de ses dévastations et de ses ravages.

Les Isles Éoliennes qui constituent notre Archipel brulant de Lipari, servent d'intermède entre la Corse et la Sicile: mais il y a un grand intervalle de mers à traverser, pour arriver jusqu'à elles : et c'est le plus terrible des tremblements de terre, dont les annales du genre humain fassent mention, qui a englouti tout le massif intermédiaire, comme on le verra dans le cours de cette histoire.

Ustica, dont le nom est Phénicien, ce qui annonce l'antiquité de sa population, est la première isle de l'Archipel Éolien qu'on rencontre en naviguant vers la Sicile; elle a dans son sein trois petites montagnes, qui ont servi de soupiraux aux feux qui s'exhalaient de son sein, et toute la terre végétative qui couvre ses plaines, est une argile d'un rouge éteint, formé de cendres et de Laves altérées par le contact des siècles.

Éricode et Phénicode, se découvrent en s'approchant de Lipari: s'il en faut croire un naturaliste ingénieux, qui naviguait dans ces parages en 1781, elles sont formées l'une et l'autre d'une seule montagne Conique, ouverte d'un côté; il ajoute que ces Isles brulèrent autrefois, mais qu'il y a un grand nombre de siècles que les traces mêmes de cet incendie tendent à disparaître.

Didyme, aujourd'hui l'Isle des Salines,

à, dans son sein, trois montagnes Volcaniques, dirigées entr'elles de manière à former un triangle ; la principale, dont la hauteur perpendiculaire peut être de six mille pieds, est formée de cendres et de scories : aucune bouche latérale ne s'est ouverte sur ses flancs ; elle doit son origine à une suite d'explosions très verticales ; puisque l'entassement des matières projettées s'est fait régulièrement, et sur une base très-petite, relativement à sa hauteur : on voit du côté de l'intérieur de l'Isle, de grands courans de Laves, qui se sont fait jour au pied même de la montagne.

Le sol de la vallée est singulièrement exhaussé par ce concours de Laves, qui paraissent avoir coulé des Cratères des trois Volcans.

Ces Laves ne sont point poreuses, comme celles qui émanent des éruptions récentes : elles ont souvent la couleur du Porphyre, et toujours sa dureté : ainsi, tout annonce que *Didyme* n'a brulé que dans des âges antérieurs à l'histoire écrite ; mais qu'elle a du être la violence de cette conflagration, pour avoir projetté des massifs aussi énormes que ces trois montagnes !

Panarie qui répond probablement à l'Hicésie des anciens, est une espèce d'écueil de huit milles de tour, composé presqu'en entier de scories de cendres, et de Laves. Ces dernières ont toutes pour base le Granit, qui, quoiqu'altéré par le feu, est très aisé à reconnaître.

Panarie est entourée de rochers Volcaniques à fleur d'eau, qui ne sont évidemment que les fragments d'une grande montagne ardente, dont les matières embrasées ont été préparées dans le même foyer : le Cratère de cet énorme Volcan, était sans doute d'une étendue immense, et un de nos bons naturalistes l'estime au moins de six milles de diamètre : il est à présumer que l'immensité de cette enceinte a nui à sa force, et qu'incapable, par le laps des siècles, de résister aux vagues irritées, la mer a morcelé de tout côté ce petit Archipel.

STRONGYLE, dont nous avons fait Stromboli, était, dans l'ancienne mythologie, la métropole de la monarchie du dieu des vents, ce qui, suivant une physique ingénieuse, ne signifie autre chose, sinon que dans certaines éruptions de Volcan, l'eau en vapeur, qui s'exhale de son Cratère, produit de violents courants d'airs, semblables à celui qui sort de l'Éolipile.

Jamais ce phénomène merveilleux ne s'est montré plus fréquemment que dans le Volcan de Strongyle, qui brule de temps immémorial, dont les éruptions se succèdent d'une manière effrayante, et qui ne vomit des torrents d'eau raréfiée, que parce que sa base, baignée par la mer, la pompe sans cesse par une foule d'ouvertures.

Le Volcan de Strongyle, dont la hauteur perpendiculaire est à peu près de mille pas,

a, pour ainsi dire, organisé l'Isle entière ;
en effet, elle offre par-tout les effets d'un incendie toujours actif, qui entasse, mutile et
anéantit ses propres produits. Le chevalier de
Dolomieu visita cette montagne ardente
en 1781 : il la vit, pendant une nuit entière,
lancer, par intervalles réglés de sept ou huit
minutes, des pierres enflammées, qui s'élevaient à plus de cent pieds de hauteur, en
formant des rayons un peu divergents, et
dont les unes allaient rouler dans la mer,
tandis que les autres retombaient dans le
Cratère qui les avaient projettées. Chaque
explosion était accompagnée d'une bouffée
de flammes rouges, semblables à celles que
produit le mélange du camphre et de l'esprit
de vin : en même temps un bruit sourd,
tel que celui d'une mine, qui fait effort contre
un rocher qui lui oppose de la résistance,
se faisait entendre, mais il n'arrivait à
l'oreille que quelque temps après l'explosion.

Si on se rapproche tout à fait de la Sicile, on tombe à l'Isle d'Hyera ou Vulcano, qui termine de ce côté l'Archipel Éolien.

Cette terre Volcanique a la forme d'un Cône tronqué à base circulaire : ses flancs sont sillonnés de ravins, produits par des torrents de feu, et couverts de Laves solides, qui se sont coagulé en forme de rochers.

Il paraît, par le témoignage réuni de Strabon, de Solin, de Pline et de Diodore, que Vulcano lançait sans cesse des feux de son Cratère : le premier écrivain, plus précis, parle de trois bouches que s'étaient formées ce Volcan inépuisable ; et il ajoute que, du temps de Polybe, une d'elles s'écroula ; l'ouverture de la plus grande était encore, à cette époque, de cinq stades de circonférence.

Autrefois Vulcano existait seul dans ces parages, et le petit écueil brulant de VULCANELLO, qui, aujourd'hui en fait partie, ne s'était point montré aux navigateurs ;

mais vers l'an 570 de la fondation de Rome, au rapport d'Orose, tout à coup l'incendie interne du globe, fit sortir Vulcanello du sein des vagues; cet évènement mémorable tombe, suivant l'historien, à une année où la terre eut à pleurer trois grands hommes: où Philopémen fut égorgé, où on empoisonna Scipion l'Africain, et où Annibal n'échappa à la vengeance Romaine, que par son suicide.

Vulcano resta, pendant environ dix-sept cents ans, séparé de Vulcanello; mais précisément au milieu de notre seizième siècle, une éruption de la plus grande violence, combla le canal intermédiaire et les deux Isles brulantes furent réunies. Ainsi le feu Volcanique, tantôt joint les terres et tantôt les sépare. Partout où il domine, le globe offre une scène perpétuelle de ruines, de renouvellement et de métamorphoses.

Lipari, qui a donné son nom à l'Archipel, n'est séparé de Vulcano, que par un can-l dé mille toises, que sans doute les éruptions des siècles postérieurs, combleront un jour. Cette Isle, qui a dix-huit milles de circonférence, manifeste partout les ravages des eaux par la profondeur de ses ravins, et surtout les dévastations du feu, par ses eaux Thermales, ses petits soupiraux enflammés, les amas de cendre et de pierres-ponces qui constituent sa montagne centrale, et la multitude de Cratères éteints, répandus sur toute sa surface.

Le feu Volcanique, tout enchaîné qu'il paraît dans les bouches ordinaires des montagnes de Lipari, subsiste encore sous ses eaux Thermales, et il ne faudrait, dit le chevalier de Dolomieu, qu'une légère circonstance, pour ranimer son activité : il paraît que les grandes éruptions des Volcans de cette Isle, ont cessé vers le sixème siècle de notre Ère vulgaire : les chroniques des moines, qui ne sont que celles de l'ignorance, ont fait de cet évènement un prodige, qu'elles attribuent à la baguette sacrée d'un Saint Caloyer ; à cette époque, disent les historiens des Cloîtres, les diables exerçaient leurs ravages dans la montagne ardente des pierres noires : Caloyer, protecteur de Lipari, les chassa et ils se réfugièrent sous les eaux Thermales, où leur souffle embrasé occasionna des explosions : le Saint poursuivit de retraite en retraite les esprits infernaux, qui cherchèrent un azile, d'abord dans Vulcanello, et ensuite dans Vulcano ; d'où ils n'ont cessé depuis d'exhaler des flammes : c'est depuis cette sainte merveille que Lipari n'a plus ni d'Etna ni de Vésuve dans son sein.

Malgré le crédit de Caloyer au ciel et dans les enfers, les tremblements de terre, indice d'une conflagration interne, sont encore très-fréquens dans l'Isle de Lipari : mais on observe qu'ils cessent, lorsque les éruptions de Vulcano commencent: ce qui confirme singulièrement notre théorie sur la communication des galeries soumarines, par où se propage l'incendie Volcanique du globe.

La Sicile, cette Isle triangulaire, si célèbre, soit par l'histoire physique de son mont Etna, soit par les annales de ses monarchies, formait, vers le premier age de la nature vivante, la charpente latérale du grand massif embrasé qui constituait l'Atlantide.

Le Volcanisme de la Sicile décrit par tous les historiens, colorié par tous les poëtes, analysé par tous les naturalistes, offrirait seul assés de phénomènes pour remplir plusieurs volumes: mais puisqu'il n'a rien de problématique, il ne doit occuper que quelques pages dans une Histoire du Monde Primitif.

Le Pline de la France a donné, d'après une foule de relations contemporaines, le tableau le plus exact du mont Etna; et il doit servir de base à nos recherches.

Cette montagne ardente, élevée d'environ deux milles toises au dessus du niveau de la Méditerrannée, a soixante lieues de circonférence : ainsi elle présente au calcul un Cône obtus, qui n'a pas moins de trois cents lieues quarrées de superficie.

Cette surface Conique est divisée en quatre Zônes concentriques, élévées l'une sur l'autre à divers intervalles.

La première qui commence depuis le point le plus éloigné de la base, s'étend, dans sa plus petite dimension, à plus de six lieues, et en a deux cents vingt quarrées de surface ; le fonds est tout entier de la Lave ancienne et moderne, dont la partie supérieure s'est convertie en terre végétale. Catane et un grand nombre de villages florissants, sont renfermés dans cette enceinte, qui forme à quelques égards, le jardin de la Sicile.

La seconde Zône, dont la pente commence à être plus inclinée, n'a que deux lieues en largeur, et un peu plus de quarante en

superficie : elle est couverte de forêts ma-
gnifiques, qui se sont développées au milieu
des cendres végétatives, sorties à différentes
époques des bouches ardentes de la montagne.

On distingue la troisième ceinture de
l'Etna, qui occupe environ deux lieues de
hauteur, parce que des végétaux maigres et
flétris en voilent seuls la surface.

La dernière ceinture commence à la ligne
des neiges et des glaces permanentes, et se
prolonge jusqu'à l'extrémité du Cratère.

Ce Cratère, en 1770, époque du voyage
justement célèbre de Brydone, avait plus
d'une lieue de contour ; il s'est écroulé
au moins quatre fois depuis six ou sept
cents ans : les parois de cet immense four-
neau se précipitent, se relèvent et retombent
ensuite, par la force des éruptions, dans
les abymes du Volcan.

Et ce n'est pas seulement dans le Cratère
central que s'opèrent ces révolutions ter-

ribles : le chevalier Hamilton qui avait escaladé en 1769 cet obélisque de la nature, écrivait au docteur Maty, qu'arriv à une hauteur, où l'ombre pyramidale de la montagne traversait l'Isle entière, et d'où il pouvait découvrir du même point de vue, une circonférence de plus de neuf cents milles, il avait compté dans la moyenne région, du côté de Catane, quarante-quatre anciennes montagnes ardentes, toutes terminées par un Cratère, et dont les fractures annonçaient la route des Laves sur leurs flancs embrasés ; quoique ces Pics, aujourd'hui éteints, soyent petits en présence de l'Etna, ils ne le sont pas quand on les compare avec le Vésuve : il y en a un en particulier qui a près d'un mille de hauteur et cinq milles de circonférence.

Depuis plusieurs siècles, l'Etna ne laisse plus échapper, que par son Cratère central, le feu devastateur qui dévore ses entrailles : mais le foyer, où il travaille les matières

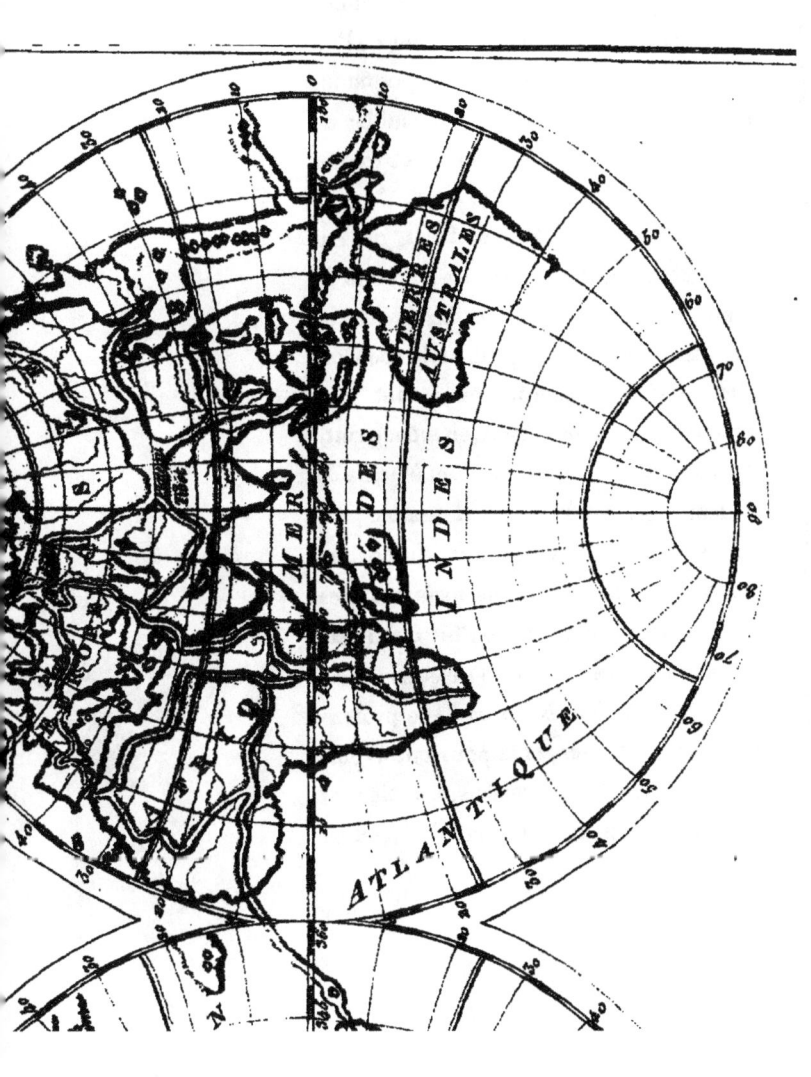

de ses éruption, a une étendue incalculable : on peut en juger par le seul produit de l'incendie de 1669 ; il lança à cette époque un torrent de Laves, qui avait six milles de large, quatorze milles de cours, et trente-six pieds de diamètre.

En parcourant la Zône de forêts qui entoure cette montagne ardente, on voit la marche tortueuse et souvent bizarre de ces fleuves de feu qui s'échappaient de son Cratère : il y a des endroits où ils ont renversé des arbres monstrueux, en ménageant, à côté, des arbustes isolés, dont à peine ils endommageaient l'écorce ; il semble, en suivant cette ceinture de l'Etna, qu'on lise, sur ces monuments muets mais terribles de la nature, un chapitre de l'histoire inexplicable du tonnerre ou de l'électricité.

Souvent ces fleuves embrasés se prolongent jusqu'à la mer, et la poussent à plusieurs milles, en arrière de ses anciennes limites. La lutte terrible, qui s'élève alors

entre les deux éléments, fait frissonner d'horreur jusqu'à l'historien qui en trace le tableau : « imaginés, dit l'énergique Bry-
» done, un torrent de dix milles de largeur
» et élevé à une hauteur énorme, roulant
» sur les flancs de l'Etna, et versant tout-à-
» coup ses flammes dans la Méditerrannée;
« Le fracas de la chute égale les éclats du
» plus fort tonnerre : à l'instant l'onde
» écumante se retire, décroit devant le feu,
» et semble avouer la supériorité de cet
» élément ; la mer se resserre dans son lit,
» pour faire place à ce maître impérieux,
» qui semble lui dire : TU NE FRANCHIRAS
» PAS CES LIMITES : pendant ce combat ef-
» froyable, des nuages de vapeurs salines,
» obscurcissent la face du Soleil, et couvrent
» toute cette scène, d'un voile de ténèbres
» et d'horreur »

Les anecdotes que ce même écrivain a rassemblées sur la violence des éruptions de l'Etna et sur les monuments qui en attestent la haute antiquité, sont quelquefois de nature à piquer jusqu'à la curiosité philosophique, si difficile à émouvoir, parce que l'homme qui a longtemps étudié la nature, s'étonne peu du merveilleux de ses ouvrages.

Dans une explosion de la grande montagne ardente, le fleuve de feu se répandit avec une telle impétuosité, dans le Val de Mel Passy, où tous les édifices étaient construits de Laves antiques aisées à se dissoudre; que dans le cours de quelques heures, il fondit entièrement les églises, les palais et les villages; et tous ces énormes massifs roulèrent en fusion, sans laisser la moindre trace de leur existence.

Un vignoble se trouva sur la route d'un de ces torrents de feu : il était formé d'une ancienne Lave, à demi soutenue par des cavernes et des anfractuosités; la Lave nouvelle pénétra, par ces ouvertures, les remplit et les souleva par dégrés, de manière que le vignoble, qu'on s'attendait à chaque moment à voir englouti, commença à se mouvoir tout entier, et fut porté, comme un vaisseau qui vogue sur les mers, à une grande distance du sol sur lequel il était assis.

Un phénomène unique dans l'histoire du Volcanisme est celui que je vais exposer. Catane avait besoin d'un port, et dans une éruption du seizième siècle, elle reçut de la générosité de l'Etna, ce que lui avait refusé la nature. Un courant de Laves se précipitant dans la mer y forma un Môle, tel que celui qu'Alexandre jetta devant Tyr, quand il sacrifia tant d'or et tant d'hommes pour s'emparer de cette Métropole. Ce Havre, pendant quelque temps l'espoir des navigateurs, fut comblé dans le siècle même, par une nouvelle éruption.

Le Volcanisme de l'Etna a des garants dans la plus haute antiquité connue : sans m'arrêter au témoignage du faux Bérose, et du poëte moins suspect qui a pris le nom d'Orphée;

d'Orphée, deux écrivains qui attestent les explosions du Volcan de la Sicile, on ne peut révoquer en doute le suffrage de Pindare, qui parlant de ces temps reculés, où la nature pleine d'énergie, produisait des géants, dit que le plus monstrueux de ces colosses était écrasé par l'Etna : « l'Etna,
» ajoute-t-il, cette colonne du ciel, siège
» éternel des glaces et des frimats, dont l'a-
» byme vomit des torrents de feu inaccessi-
» bles aux hommes. Ces torrents, lorsque le
» Soleil brille de tout son éclat, ne semblent
» que des Zones de lugubre fumée, qu'une
» flamme livide et sanglante rougit par in-
» tervalles, pour aller au loin décolorer les
» airs : mais au sein de la nuit, le fleuve
» de feu éclaire l'atmosphère d'une lu-
» mière terrible : c'est alors qu'on voit les
» éclats de la montagne arrachés de ses
» entrailles, s'élancer au milieu des flam-
» mes : c'est alors qu'on entend la terre
» mugir, et les rochers se précipiter dans la

» mer, qui les reçoit avec effroi dans ses
» abymes.

Thucydide parle de deux éruptions de l'Etna, arrivées, à un demi-siècle d'intervalle l'une de l'autre, et dont la dernière date de la sixième année de la guerre du Péloponèse : elles furent fatales pour Catane, placée, malgré les présages les plus sinistres, dans la première région, où ce mont formidable exerce son empire.

Diodore nous a conservé la mémoire d'une autre explosion de l'Etna, où le torrent de Laves embrasées, se fit passage au travers de la plaine qu'il dévastait, jusqu'au rivage de la mer. Cet évènement concourt avec l'expédition d'Imilcon, contre Denys tyran de Syracuse.

Celle que le même historien rapporte au temps où fleurissait César, dut laisser des traces encore plus horribles de ses ravages : car la chaleur que le fleuve embrasé communiqua à la mer fut telle, qu'elle brula les vaisseaux à l'ancre dans les ports de l'Isle, et tua les poissons jusques dans le centre de l'Archipel Éolien.

La dernière, dont l'histoire fasse mention vers ce période, est celle qui obligea le féroce et timide Caligula, (car les tyrans sont l'un et l'autre), à s'enfuir avec précipitation de la Sicile.

A mesure qu'on avance vers le moyen âge, les éruptions de l'Etna se multiplient; mais ces événements décrits par des moines, et où on fait intervenir la légende de Sainte Agathe, au lieu de la raison éclairée des philosophes, sont presque sans autorité pour notre ouvrage.

La fameuse éruption de 1669, écrite par des hommes véridiques, confirmée par des voyageurs célèbres, et discutée par les académies, semble mériter seule d'occuper nos crayons.

Le ciel parut entouré d'un voile lugubre, dix-huit jours avant l'explosion du Volcan;

des tremblements de terre secouèrent pendant le même temps, toute la Sicile; les montagnes ardentes de Vulcano et de Stromboli effrayèrent l'Archipel de Lipari, en vomissant plus de flammes qu'à l'ordinaire, et la cime de l'Étna s'affaissa toute entière dans son ancien Cratère.

Ce fut deux heures avant la nuit, le 11 mars 1669, que les flancs de l'Étna s'ouvrirent, à dix milles de Catane : on prétendit, que le courant de Laves embrasées parcourut d'abord dix-huit mille pieds en vingt-quatre heures : mais le cinq avril, il ne s'avançait déjà plus que de cinquante, dans le même intervalle.

Au commencement de mai, le fleuve de feu, arrêté par les remparts de la ville, s'amoncela jusqu'à leur hauteur, qu'on évalue à près de soixante pieds ; et après les avoir escaladés, s'ouvrit diverses routes dans Catane : c'est alors que les habitants, qui s'étaient fiés jusques là aux prédictions de leurs moines, sortirent de leur léthargie ; on déploya dans les airs le voile de Sainte Agathe : mais ce Talisman avait perdu toute sa vertu. La Lave terrible continua son cours, engloutissant les images des Saints qu'on lui opposait, et après avoir détruit de fond en comble une partie des édifices, alla se précipiter dans la mer.

On prétend que telle était l'activité de cet incendie Volcanique, qu'il changea des vallées en collines, combla des lacs, et perça de part en part une montagne de Montpelieri, qui s'opposait à son passage.

Et l'on peut juger de l'effroyable masse de matières embrasées, que l'Etna vomit à cette époque de son sein, puisqu'un prince de Biscaris ayant fait bâtir, cent ans après, une maison de plaisance sur cette Lave de 1669, il assura Brydone, qu'à l'endroit où les fondements furent assis, il y avait antérieurement au moins cinquante pieds d'eau ; aujourd'hui l'éminence qui porte le château, s'élève de cinquante pieds encore au dessus du niveau de la mer.

La dévastation causée par le débordement des Laves fut horrible ; il y eut quatorze villes ou villages anéantis, et trente mille hommes, dont le feu dévora toutes les possessions, furent réduits à la mendicité.

Les Anglais, qui ont rendu compte de cette éruption à la Société Royale, virent d'une haute tour de Catane, une colonne de fumée, ayant le diamètre du clocher de Saint Paul de Londres, et presque le double de sa hauteur, qui enveloppait d'un voile hideux et terrible toute l'atmosphère : ils assurent que pendant les cinquante quatre jours que dura l'explosion de l'Etna, on ne vit dans toute la circonférence du Volcan, ni le Soleil ni les étoiles.

Depuis cette époque, l'Etna a brulé un grand nombre de fois ; mais sans qu'aucun phénomène nouveau se soit offert aux physiciens : ce sont toujours des tremblement de terre, qui annoncent que la montagne ardente est en travail : une cime qui s'élève ou qui s'affaisse dans l'ancien Cratère : des gerbes de feu et de rochers calcinés qui s'élancent au dessus de la région des nuages : des fleuves embrasés qui, après avoir porté la dévastation et la mort sur leur passage, vont se précipiter dans la mer. Tous les tableaux réunis de ces éruptions nouvelles, peuvent émouvoir une imagination ardente, mais n'ajoutent pas une ligne à l'histoire raisonnée du Volcanisme.

DERNIÈRES CONSIDÉRATIONS

Sur le méchanisme de l'émersion des Archipels Volcaniques.

Je n'ai pas dû, dans la description de l'Archipel Volcanique de l'Italie, interrompre la série des phénomènes de sa conflagration: il me semble que, dans les grandes questions qui tiennent à l'origine des choses, la seule marche qu'une saine philosophie doive admettre, est de rassembler d'abord des faits, et d'attendre qu'il en résulte un grand foyer de lumières, pour résoudre le problème.

Maintenant donc, s'il s'agissait de percer, avec le seul flambeau de la philosophie, dans la nuit profonde des ages primitifs, pour découvrir le méchanisme de l'émersion de l'Archipel embrasé de l'Italie, il me suffirait de tirer quelques résultats des faits consignés dans le chapitre qu'on vient de lire : peut-être même que les seuls phénomènes que nous présente l'histoire naturelle de la Corse, rempliraient cet objet; je n'aurais besoin que de la géographie physique de cette Isle sauvage, pour reconcilier les esprits justes avec l'audace de ma théorie, sur le massif de l'Atlantide, à demi-submergé.

Et je m'abandonne d'autant plus volontiers à ce choix simple et heureux de résultats, que parler ici de la Corse, c'est parler en même temps, soit de la Sardaigne, qui n'est que la même Isle prolongée, soit de la Sicile, qui offre dans sa Chaîne centrale les mêmes phénomènes que nous a présentés la Corse : c'est-à-dire, un immense noyau de Granit, des dépouilles marines sur ses sommets secondaires, et un Volcan qui exerce son activité effrayante sur trois cents lieues quarrées de surface.

Il paraît d'abord, étonnant que la charpente principale de ce que j'appelle l'Archipel Volcanique de l'Italie, étant composée de Granit, cet effoyable massif ait pu être soulevé sur la surface des mers, par un feu qui, quelqu'intensité qu'on lui suppose, n'agit toujours que faiblement sur la roche primordiale.

Cette contradiction apparente disparait, dès qu'on se rappelle notre filiation d'idées sur la chronologie du globe physique, et sur la diversité des phénomènes, dans la projection des Volcans isolés, et dans celle des Archipels.

Plus on remonte aux premiers ages, plus on voit la nature déployer de force dans ses moyens et de magnificence dans ses résultats : si on la prend, avant l'époque où notre monde animé s'organise, il est évident que le feu interne qui tourmentait alors le globe, pouvait détacher de son immense noyau de roche vive à peine consolidé, quelques fragments de ce Granit qui constitue la charpente d'un Archipel: si on se rapproche, par la pensée, du temps où l'homme originel descendit des hauteurs du Caucase, il est hors de doute que le feu de la terre, à demie-nchainé par l'hétérogénéité de ses principes, pouvait à peine, à cette époque soulever un Volcan isolé comme le Vésuve : enfin, de nos jours, où la vieillesse de notre monde a affaibli son ressort, on sent que toute sa puissance consiste à faire naître un Monte-Nuovo, ou a projetter quelque écueil brulant autour de Santorin, ou auprès des Açores.

Il faut ajouter à ces considérations, qu'une des bases de notre théorie, c'est que la projection d'un Volcan solitaire, n'est point de même nature que celle d'un amas d'Isles Volcaniques; il est infiniment rare que la conflagration interne de la terre, détache de son noyau consolidé, une seule montagne primitive : mais il ne l'est pas, qu'à l'époque où ce même noyau avait encore quelques parties de sa substance en fusion, il en ait projetté plusieurs à la fois pour former des Archipels.

Maintenant tout marche dans la solution du problème philosophique, sur l'organisation de l'Archipel incendié des mers de l'Italie.

Avant que l'Océan eut formé ces grandes chaînes Calcaires, qui ne sont que le produit successif de ses dépouilles végétales et animales, le feu interne du globe, à force de s'étendre dans les cavernes immenses de roche vive, où il se trouvait emprisonné, organisa des Cônes, partout où la voute qui le renfermait se trouva plus faible. Deux de ces Cônes furent projettés dans ce que nous appellons maintenant la Méditerranée; l'un est la Sicile, et l'autre la Corse réunie alors à la Sardaigne.

Ce feu dévastateur ne pouvait s'exercer sur les roches primordiales de la Corse où de la Sicile, sans agir en même temps dans tout l'espace intermédiaire qu'il souleva ; mais d'une manière plus égale, parce qu'il opposait plus de résistance : ainsi je me figure l'Archipel de l'Italie, comme une seule caverne incendiée, qui s'étend sous la masse des eaux, formant deux Cônes aux extrémités, et au milieu un seul plateau, comme celui de la Tartarie. Tout ce massif projetté dans la jeunesse du globe, était également de roche primordiale.

Les montagnes Calcairesse formérent peu à peu au sein des eaux, s'adossérent à la Chaîne centrale des deux Cônes, et élevèrent tout le plateau intermédiaire ; voilà l'origine des coquillages qu'on trouve sur des Pics inaccessibles, où notre genre humain dégénéré, ne s'attend aujourd'hui à trouver que des Condors et des Vautours.

Alors les Cratères des Volcans éteints de la Corse n'existaient pas ; le redoutable Etna, à peine à la moitié de sa hauteur actuelle,

ne promenait pas ses Laves et ses fureurs ;
sur une Zône de cent quatre-vingt milles
de circonférence.

Peu à peu la mer s'est retirée, les bases
des Cônes et des monts intermédiaires se
sont découvertes, alors le feu Volcanique,
qui frappait sans cesse contre les parois de
la voute de roche vive qu'il incendiait ;
trouvant moins de résistance, depuis que
les eaux ne pesaient plus sur sa surface, se
pratiqua une foule d'issues pour ses explosions : tel fut le principe de l'organisation
de l'Etna, des monts embrasés de la Corse,
de ceux des Isles de Lipari et d'une foule
d'autres Volcans, qui couvraient tout le
massif intermédiaire, aujourd'hui englouti
par le naufrage de l'Atlantide.

Des myriades de siècles après, c'est-à-dire,
à une époque qui ne serait point inaccessible aux calculs de l'histoire, le feu Volcanique qui avait projetté le grand Archipel ;
et dont le foyer était sous la Méditerranée,

s'ouvrit de nouvelles issues dans le Continent de l'Italie ; de là l'origine de tous ces Volcans éteints qui remplissent les champs Phlégréens, ainsi que la Campagne de Rome, et surtout de ce Vésuve, qui a tant exercé le génie des physiciens, depuis Pline jusqu'au chevalier Hamilton, et aux ravages duquel l'Europe doit les élémens de l'histoire du Volcanisme.

Il ne faut donc pas s'étonner, si le grand tableau de la conflagration primordiale de l'Archipel Italien, se présente aujourd'hui sous d'autres teintes : c'est la submersion du massif, dont la Sicile et la Corse réunie à la Sardaigne, formaient, pour ainsi dire, les murailles, qui a changé le lieu de la scène avec ses décorations : alors la caverne intermédiaire s'est écroulée : alors le feu plus libre, s'éteignant dans un des Cônes, s'est porté tout entier vers l'autre ; alors cet élément terrible, concentré dans la bouche ardente de l'Etna, a été moins funeste à la Sicile, parce qu'il se partageait entre les soupiraux des Isles Éoliennes, du Vésuve, du Monte-Nuovo et de la Solfatare.

Telle est notre théorie sur l'organisation de l'Archipel Volcanique de l'Italie, et peut-être de tous les Archipels incendiés des trois mondes : ce fil philosophique se renouera dans la suite avec l'Histoire du Monde Primitif, quand la submersion de l'Atlantide viendra occuper nos crayons.

DES ISLES VOLCANIQUES
ISOLÉES AU MILIEU DES MERS.

Ce n'est point sans motif, que je place dans un coin isolé du tableau des Archipels Volcaniques, les Isles de Feu qui n'ont qu'un Cratère, par où l'incendie s'exhale. Plusieurs caractères distinctifs empêchent de les confondre : d'abord une Isle solitaire au sein de l'Océan, ne demande pas, pour être projettée, une force expansive comparable à celle qui lance un vaste Archipel : ainsi on peut, sans craindre de se tromper, assurer que, dans la chronologie du globe, la naissance du grouppe des Kuriles, a précédé d'une série innombrable de siècles, celle des Isles de Pâques, ou de Kerguélen : on attribuera à une nature pleine d'énergie, l'élévation des deux Archipels de l'Italie et du Péloponèse, et à une nature dégénérée, celle de l'Islande ou de Sainte Hélène.

La durée de ces deux espèces de Volcans forme encore une ligne de démarcation entr'elles : il me parait infiniment probable, que plus une caverne incendiée a de soupiraux, plus son feu a de tendance à s'éteindre : voilà pourquoi les Cratères de l'Archipel Grec sont presque tous obstrués, et que celui de l'Islande brule encore.

La Sicile, qui communique par des galeries sousmarines avec les Isles Éoliennes, à force d'attirer au haut de sa montagne ardente tous les feux Volcaniques de cet Archipel, commence à les épuiser : déjà un grand nombre des Volcans de Lipari sont éteints, et quand ils le seront tous, l'Etna devenu solitaire, au milieu des mers de l'Italie, leur survivra encore.

Enfin je suis tenté de croire, que si la prosection des Archipels Volcaniques, dans les premiers âges, suppose une extension de grandes cavernes incendiées ; la naissance des Volcans dans les Isles isolées, ne demande que la rupture d'une voute sousmarine, par où les Laves s'amoncèlent peu à peu et forment des montagnes.

Après avoir posé ces limites entre les Isles solitaires et les Archipels, parcourons un moment celles de la première classe, qui méritent de fixer l'attention de l'historien philosophe.

Cook a dit, qu'ON TROUVAIT DES VESTIGES DE VOLCANS, DANS TOUTES LES PARTIES DU GLOBE : c'est sur-tout dans les Isles que la justesse de cette remarque paraît dans tout son jour : suivons un moment ce premier des navigateurs, dans les mers du Sud et autour des Terres Australes.

L'Isle de Kerguélen, connue aussi sous le nom d'Isle de la Désolation, parce qu'elle semble représenter le tombeau de la nature, est stérile sur toute sa surface : les flancs de ses montagnes sont formés, du côté de la mer, de roches escarpées, séparées du haut par des fissures, et qui semblent prêtes à tomber sur le navigateur qui leur demande un azile : Cook est tenté de recourir à des tremblements de terre, pour expliquer cet état de bouleversement : mais son sol noirci et sans enveloppe végétale, annonce plutôt des Volcans recemment éteints, ou brulants encore, qui l'ont couvert de Laves, peu propres à la fécondité.

Entre la Nouvelle Hollande et les Nouvelles Hébrides, est un Isle de Norfolk, où Cook a trouvé des traces plus manifestes encore de Volcanisme : outre les masses de rochers à demi rompues, qui se projettent dans la mer, de presque tous les côtés de son enceinte, il y a observé de petits morceaux de Laves poreuses, rongées de vétusté, qui indiquent l'époque reculée, où son Volcan exerça ses plus grands ravages;

C'est sur le Volcanisme de l'Isle de Pâques, que cet homme célèbre semble avoir concentré son génie observateur : pour ne point dénaturer son tableau, il faut le transporter tout entier dans notre galerie.

« Nous ne cessions de regarder le rivage
» de cette Isle, composé de rochers brisés,
» dont l'aspect caverneux et la couleur
» noire et ferrugineuse, annonçait des vestiges
» d'un feu souterrain... A mesure que
» nous approchions, la surface du pays devenait
» plus hérissée de roches, jettées
» çà et là, dans le désordre du cahos....
» Nous vîmes une éminence, dont l'un des
» flancs, absolument perpendiculaire, a
» une ouverture souterraine. Il est probable
» que de telles cavités communiquent
» à des cavernes naturelles, telles qu'on
» en trouve parmi les courans de Laves des
» pays Volcanisés. De pareilles cavernes
» sont communes en Islande ; le célèbre
» Ferber en a remarqué une semblable dans

» une des Laves modernes du Vésuve. Au
» reste, toute la contrée est jonchée de
» cendres, hérissée de pierres ponces,
» et pleine de Minéraux Volcaniques. On
» ne sçaurait attribuer qu'à la force ex-
» pansive du feu, un si prodigieux boule-
» versement.

Nous n'avons rien à ajouter à ce que dit Cook de l'Isle de l'Ascension. Les phénomènes qu'il décrit, se concilient parfaitement avec notre théorie, comme on pourra en juger par la simple analyse.

« L'Isle de l'Ascension qui a dix milles
» de long, sur cinq à six de large, surpasse
» par son aspect affreux l'Isle de Pâques.
» Ce n'est qu'un amas de roches rompues,
» amoncelées et altérées par le feu. Nous
» gravimes sur des monceaux de pierres
» noires, qui ressemblent en tout aux Laves
» de l'Islande et du Vésuve. L'examen at-
» tentif de la contrée, nous fit croire que
» la plaine sur laquelle nous étions, avait

» été antérieurement le Cratère d'un Vol-
» can, et que les collines à Cônes avaient
» été formées peu à peu, par l'accumulation
» des cendres et des pierres-ponces.

C'est encore une contrée Volcanique que cette Formose, une des plus grandes Isles du globe après Madagascar : malgré les entraves que met le gouvernement Chinois à la navigation des Européens dans ces parages, on pouvait se douter par la nature de son sol, et le désordre des roches sur les flancs de ses montagnes, qu'un incendie souterrain devait avoir eu quelque part à sa formation : le fameux désastre qu'elle a essuyé le 22 mai 1782, a achevé de résoudre le problème.

On voit par une lettre du viceroy de Formose à l'empereur de la Chine, publiée par le missionnaire Amyot, que depuis trois heures du matin, jusqu'à la même heure après midi, un ouragan affreux, accompagné d'une marée extraordinaire, tint les

Insulaires dans la crainte continuelle, n'être ENGLOUTIS DANS LA MER OU ABYMÉS DANS LES ENTRAILLES DE LA TERRE : cette tempête s'annonça à la fois des quatre parties de l'horison, fracassa presque tous les vaisseaux de guerre qui étaient dans le port, en ensevelit quatre-vingt du second ordre dans les abymes, et mit l'Isle entière sous les eaux : on n'a jamais sçu au juste le nombre d'infortunés qui périrent dans cette catastrophe : et ce n'est que sur de vagues conjectures que nos gazettes ont publié qu'elle avait coûté la vie à huit cents mille hommes.

Voici l'observation du missionnaire, un des hommes qui, par ses lumières, a le plus contribué à rendre le nom Européen respectable aux limites Orientales du globe : son texte est infiniment précieux, dans une histoire philosophique du Volcanisme.

« Il y a apparence que c'est à un trem-
» blement de terre, que ce désastre est dû :
» mais le Volcan qui l'a occasionné est

» peut-être à une très-grande profondeur
» sous la mer.... Les phénomènes, en gé-
» néral, ont été tels que dans les catastro-
» phes de Lima et de Lisbonne.

Si, revenant sur nos pas, nous franchissons de nouveau la mer du Sud et celle des Indes, pour rentrer dans l'Océan Atlantique, nous ne rencontrons pas d'autres Isles Volcaniques isolées que celles de France et de Bourbon, qui peuvent communiquer ensemble par l'intermède de quelques cavernes incendiées, mais non avec Madagascar, appendice incontestable du continent de l'Afrique.

L'Isle de Bourbon, située à environ 80 lieues de Madagascar, malgré son étendue de vingt-cinq du Nord au Sud, sur douze ou quinze de l'Est à l'Ouest, n'est qu'une seule montagne, qui s'élève jusqu'au centre de la contrée : on y voit un Volcan qui a embrasé toute cette partie Orientale de l'Isle, qu'on ne désigne que sous le nom de Pays brulé. Ce monument terrible de tous les désastres de Bourbon a fait conjecturer à un académicien Français, qui a parcouru de nos jours les mers de l'Inde, pour observer le passage de Vénus, qu'un feu souterrain pouvait avoir élevé cette Isle du fonds de l'Océan, à une époque inaccessible à la chronologie.

La montagne ardente de l'Isle de Bourbon brule encore: elle eut une éruption terrible le 14 mai 1766; le lendemain on trouva à six lieues de sa base, la terre couverte d'un verre capillaire flexible : il y avait de ces filamens vitreux qui avaient deux ou trois pieds de long ; ils étaient entremélés, de distance en distance, de globules de la même nature vitreuse. Le cabinet du roi possède quelques fragments de cette Lave Volcanique dans sa collection, la plus riche de l'univers.

Quant à l'Isle de France, un peu inférieure en étendue à celle de Bourbon, c'est une opinion répandue dans toute la Colonie, qu'elle a été culbutée dans les temps antérieurs, de fond en comble ; que les roches dont son sol est hérissé, ont été lancées du haut d'un Cratere; et que les cavernes, ainsi que les pierres-ponces qu'on rencontre, soit dans l'intérieur de l'Isle, soit sur ses rivages, attestent un incendie Volcanique qui a dévoré ses entrailles.

Il est vrai que le physicien que j'analyse a tenté de jetter quelques nuages sur l'authenticité de cette origine : « quelle est la » force, dit il, qui aurait pu ébranler l'Isle » de France, au point de la bouleverser, » comme aurait fait une mine, et d enlever » de son sein des rochers énormes pour les » répandre ça et là sur sa surface, pendant » que cette meme force aurait laissé sub- » sister à cent pieds de profondeur dans » les ravines, l'arrangement horisontal des » couches ?

On peut répondre, par rapport à la force,

que c'est celle d'une matière, dont l'énergie du ressort est incommensurable : la même, qui de nos jours a élevé en vingt-quatre heures le Monte-Nuovo, dans les plaines de l'Italie : la même, qui, à l'origine du globe, a projetté d'un seul coup sur toute sa surface, l'épouvantable massif de ses montagnes primordiales.

Quant à la disposition horisontale des couches, elle se concilie parfaitement, dans notre théorie, avec le Volcanisme. Quand l'incendie d'une caverne en prolonge la voute sous l'Océan, la montagne secondaire que le feu soulève, n'est pas attaquée dans toute sa masse ; le désordre n'est que dans l'intérieur de la galerie : pendant que le Cratère, qui s'ouvre, lance les pierres-ponces et les rochers, les couches formées par les dépots successifs de la mer, restent à l'extérieur dans toute leur intégrité.

L'Isle de Sainte Hélène, située au milieu de l'Océan Atlantique, à 400 lieues de la côte d'Afrique et à 600 de celle du nouveau monde, offre non moins de traces de Volcanisme que celles de France et de Bourbon.

On voit, suivant Cook, sur toute sa surface, l'empreinte d'un feu éteint aux époques les plus reculées : les inégalités de son sol sont évidemment des effets de son affaissement : et si on en doutait, l'examen des pierres donnerait, à cet égard, un nouveau trait de lumière : car quelques unes sont brulées, jusqu'à être presque réduites en cendre : on en trouve qui ont de petites bulles, comme celle qu'on voit dans le verre mal fondu : plusieurs même renferment dans leur intérieur des Marcassites.

Un habitant de Sainte Hélène, en parlant à un des physiciens de Luc, ajoutait de nouvelles teintes à ce tableau.

« Cette Isle, disait-il, est prodigieusement
» haute et escarpée : on ne peut l'aborder
» que d'un seul côté ; à cause de l'extrême

» profondeur de la mer qui l'environne ;
» les rochers qui la composent ne forment
» point un seul massif; c'est un assembla-
» ge de blocs séparés et presque sans liaison;
» ils se brisent facilement, quand on les
» frappe, et ressemblent aux braises éteintes
» de la forge d'un maréchal.

Quand je parle ici des Volcans éteints parmi les Isles solitaires, c'est que correspondant par leurs bases aux eaux qui alimentent les feux de leurs entrailles, ils peuvent sans cesse avoir de nouvelles explosions; nous sçavons que l'Hécla a été tranquille 16 ans: d'autres montagnes ardentes ont couvé, pendant plusieurs siècles, l'incendie de leurs cavernes, avant de le manifester au haut de leurs Cratères; il n'y a que les Volcans, éteints dans les continents, qui ne se rallumeront jamais.

J'ai parlé de l'Hécla, et c'est par ce Volcan célèbre de l'Islande, que je voulais terminer le tableau des Isles de feu, que l'histoire nous a fait connaître ; mais je trouve dans un ouvrage du naturaliste Anderson, quelques détails sur une Isle Volcanique d'Mayen, qui méritent auparavant quelques lignes d'analyse.

L'Isle de Mayen, découverte en 1611, par un Hollandais de ce nom, se trouve sur la route qui mène de l'Islande en Sibérie, en touchant à la nouvelle Zemble : c'est une bande de terre qui peut avoir dix lieues de long, sur trois dans sa plus grande largeur ; elle a, dans sa partie Septentrionale, une montagne si élevée, que, dans un temps serein, des navigateurs de Hambourg l'ont découverte, à la distance de trente-deux lieues.

Le capitaine Laab, qui en 1732, voguait vers le Groënland, vit le 17 mai, étant à l'ancre, à trois lieues de l'Isle de Mayen, des flammes d'un volume prodigieux qui s'élevaient du bas de la montagne du Nord, et se dispersaient dans toutes les directions, comme des éclairs vifs et rapides : cet incendie singulier était accompagné de détonations souterraines et terribles, et dura vingt-quatre heures; le Volcan ne s'ouvrit point, il ne jetta ni pierres ni matières combustibles : mais il en sortit des tourbillons d'une fumée noire et épaisse ; et cette éruption dura jusqu'au 21. A cette époque, le vent qui était resté contraire ayant changé, le vaisseau prit le large; mais à peine était-il à quinze lieues en haute mer, que son pont et ses voiles furent couverts d'une énorme quantité de cendres qui gênaient la manœuvre : cette cendre, portée en forme de nuage par le vent, était froide, douce au tact, et vue au microscope, ressemblait à de petits fragments de pierres brisées. Quinze jours après, un navire Hambourgeois, instruit de ce phénomène, descendit à l'Isle Volcanique ; il reconnut que cette cendre couvrait de la hauteur d'un pied, tout le sol

sol de la base de la montagne ardente, dans une zône de deux lieues.

Toute cette partie des mers du Nord a subi, par l'action du feu, une foule de révolutions, qui jetteraient le plus grand jour sur la géographie du globe, si, à chaque époque, il s'était trouvé des Cook pour les observer et des Anderson pour en écrire l'histoire.

Le célèbre Forster, qui nous a donné un recueil important des découvertes faites dans le Nord, ne dissimule pas ses regrets en ce genre, en parlant d'une Isle de Grisland, reconnue à la fin du quatorzième siècle, par les Zéno, et qu'on ne retrouve plus dans les parages indiqués. Il est tenté de croire que cette Isle sortit tout-à-coup de la mer, par les secousses réitérées de l'Hécla, et qu'une nouvelle explosion de ce Volcan de l'Islande l'engloutit une seconde fois dans les flots.

Cet historien philosophe est un des

grands apôtres du Volcanisme : « il est cer-
» tain, dit-il, que dans toutes les Isles éle-
» vées, qui ont été découvertes jusqu'à
» présent au sein des grandes mers, on
» trouve ou des Volcans qui brulent encore,
» ou du moins des traces manifestes de
» Volcans éteints : telles que des Cratères,
» des Laves, des pierres-ponces et des Pouz-
» zolanes. Ce principe acquiert la plus
» grande force, quand on jette les yeux sur
» Madère, sur les Açores, sur le Cap Verd,
» sur Sainte Hélène et sur Otahiti, ainsi
» que sur l'Isle de Pâques, les Marquises,
» les nouvelles Hébrides et l'Islande : il est
» donc infiniment vraisemblable que plu-
» sieurs Isles dont parlent les Zéno, se
» trouvant aussi Volcaniques, ont été en-
» glouties par les suites de quelqu'explosion,
» et ont tout-à-fait disparu.

L'Islande, que nous avons réservée à la fin
de notre tableau, pour faire ressortir davantage toute la théorie du Volcanisme,

est située sous le Cercle Polaire, entre l'Europe et le Groënland, et a deux cents lieues de long, sur la moitié de largeur moyenne. L'archevêque d'Upsal, Olaüs Magnus, a rassemblé tous les contes de la théologie vulgaire sur son origine : pour servir d'antidote à ce poison de la crédulité, il faut analyser les idées des écrivains philosophes, tels que les Mallet, les Busching et les Anderson.

« L'Islande, si l'on en croit l'auteur de
» la belle introduction à l'histoire de Danne-
» marck, ne doit être considérée que com-
» me une immense montagne, parsemée
» de cavités profondes, cachant dans son
» sein des amas de bitumes, de matières
» vitrifiées et de minéraux. Sa surface ne
» présente à l'œil que des Pics blanchis par
» des neiges éternelles, et plus bas l'image
» de la confusion et du bouleversement.
» C'est un énorme monceau de roches bri-
» sées et tranchantes, quelquefois poreuses

» et à demi calcinées, souvent effrayantes
» par leur noirceur et les traces de feu dont
» elles portent l'empreinte.

Quand même il n'y aurait pas de Volcans dans l'Islande, l'abondance de ses eaux Thermales, et leur singularité, suffiraient pour manifester le feu Volcanique que cette Isle recéle dans ses entrailles.

Au pied d'une montagne, dans un roc caverneux, dont l'ouverture a 57 pieds de diamètre, on voit à la profondeur de 72, la source minérale de Geyser. Ses eaux, à certaines époques fixes, s'élèvent par dégrés, jusqu'à ce qu'elles débordent le vaste Cratère: alors on entend un fracas effrayant semblable à une décharge d'artillerie : la détonation est si violente, qu'elle imprime au rocher une sorte de frémissement ; quelque temps après, s'élève un tourbillon de fumée, au travers de laquelle l'eau minérale jaillit par secousses, et monte jusqu'à 120 pieds ; au bout de quelques minutes la source diminue, le bruit cesse, et la caverne paraît vuide.

L'Hécla, la plus haute des montagnes de l'Islande, puisqu'il faut monter quatre heures pour arriver à la région de son Cratère, n'a eu de vraie éruption que dix fois, dans le cours de près de 600 ans : c'est-à-dire, dans les années 1104, 1157, 1222, 1300, 1341, 1362, 1389, 1558, 1536, et 1693 : cette dernière fut très-violente; les nuages de cendres qui l'accompagnèrent se portèrent à une distance de plus de trente milles : depuis, il a été tranquille à peu près jusqu'en 1766 : la physique a observé, à cette dernière époque, que pendant que l'Hécla d'un côté projettait d'immenses tourbillons de feu, de l'autre il conservait sur une partie de sa cime, de grands amas de neiges : phénomène d'autant plus étrange, que l'incendie Volcanique était assés actif pour réduire des rochers en cendres.

Il ne faut pas croire que l'Hécla soit la

seule montagne ardente de l'Islande : on y compte près de vingt rochers de glaces, qui ont des Cratères et des éruptions. Les neiges accumulées obstruent quelquefois leurs bouches de feu : mais l'incendie caché qu'irritent ces obstacles n'en devient que plus actif : c'est alors que les tremblemens de terre dévastent toute la surface de l'Isle, et jusqu'à la création d'un nouveau soupirail, par où la flamme s'exhale, la menacent à chaque instant du sort de l'Atlantide.

Dans les longs périodes de calme de l'Hécla, deux de ces montagnes de glaces le Krahl et le Koëtlegaw exercent leurs ravages.

On nous a conservé quelques détails d'une éruption du Kralh en 1726 : après que le feu Volcanique, qui couvait dans les cavernes soumarines, se fut essayé par de violentes secousses de tremblemens de terre, son Pic s'ouvrit et lança, avec un horrible fracas, des cendres et des pierres embrasées, qui retombèrent dans le Cratère, ou près de la base de la montagne.

Le feu se conserva avec une inégale activité, jusqu'en 1728 : c'est alors que l'incendie s'étant communiqué à des éminences de souffre qui avoisinaient le Volcan, il se forma du mélange de cette substance inflammable avec diverses matières minérales, un torrent enflammé, qui s'alla jetter à trois lieues de là dans le lac Myvarne, dont il fit élever les eaux, quoiqu'à en croire le Danois Horrebows, il ait vingt lieues de circonférence.

La plus terrible explosion du Koëilegaw eut lieu en 1721 : l'incendie du Cratère eut assés d'activité, pour fondre d'énormes blocs de glace : ce qui forma des torrents impétueux, qui dépouillèrent tout le sol qu'ils parcoururent, de la terre végétale qui lui servait d'enveloppe. Cette inondation désastreuse entraîna tant de rochers, que la mer fut comblée à plus de 600 toises de la Côte, et qu'il s'y forma une montagne nouvelle, qui subsistait encore trente ans après, malgré les vagues qui venaient journellement s'y briser. Au milieu de ce déluge, le Volcan obscurcissait tellement l'atmosphère par ses tourbillons de fumée, que pendant un jour entier, la contrée fut privée de la présence du Soleil.

DES VOLCANS

QUI BRULENT SUR LA TERRE FERME.

De ce genre de montagnes ardentes en Europe.

Le feu Volcanique ne s'annonce pas toujours en secouant la terre, et en s'exhalant par des bouches ardentes au sommet des montagnes. C'est un Protée, qui prend toutes sortes de formes, pour dévaster le sol qui le captive. Nous venons de voir, par exemple, que dans l'incendie de l'Isle de Mayen, il s'ouvrit une route au bas de son Pic, et se dispersa, en ondoyant, sous toutes sortes de directions. Un phénomène à peu près pareil s'observe dans la caverne de Beniguazeval, auprès de Fez en Afrique. Il faut l'attribuer à la position des cavernes incendiées, dont la voute touche un sol uni, qui offre peu de résistance, et peut être à la nature de la flamme, qui, aussi pure que celle de l'Alcohol, n'a de force que pour briller et non pour détruire.

Cette même théorie sert à expliquer un fait, consigné parmi les mémoires de notre académie des sciences. Dans un tremblement de terre qui désola l'Italie en 1703, il se forma dans une plaine deux ouvertures, d'où il sortit avec violence une quantité énorme de pierres qui la rendirent stérile : après cette explosion, on vit jaillir deux jets d'eau qui surpassèrent en hauteur les plus grands arbres, et inondèrent les campagnes.

C'est encore le feu Volcanique alimenté par une source de bitume, qui a produit sur les côtes de la Prusse, le gouffre de Zulaur, où s'allument certaines matières combustibles, au moment qu'on les y jette :

c'est lui qui se fit voir au naturaliste Swedenborg, lorsque faisant creuser dans un jardin
d'Aix la Chapelle, au dessous d'une source
remplie de pyrites vitrioliques, il rencontra
une cavité d'où s'exhalèrent des flammes :
c'est lui enfin qui calcine lentement des
pierres poreuses, près de fontaines imprégnées de soufre, qu'on voit vers le Sourgout dans la Russie : le célèbre Pallas, qui
a vu avec des yeux physiciens ce dernier
phénomène, ne se dissimule pas son origine : « on peut croire, dit-il, qu'un feu
» souterrain y a quelque part; c'est peut-
» être une couche de terre bitumineuse et
» sulphureuse, qui s'étendait au travers de
» cette contrée, consumée autrefois par un
» incendie.

Le phénomène de ce genre le plus singulier, a été observé au mont Kargousch, dans
la même contrée : et c'est encore au judicieux Pallas que nous en devons le tableau.

« Cette montagne, située auprès du fleuve

» de Jourjousen, a trois parties en feu. Celle
» de l'E est la plus élevée. Elle paraît avoir
» plus de cent brasses de hauteur verticale;
» mais son foyer, qui n'existe que depuis
» trois ans, est beaucoup moins considé-
» rable que celui de la colline intermédiaire,
» dont le feu a excavé toute la partie mé-
» ridionale. Le foyer de celle-ci remonte à
» une époque de douze ans : c'est une tra-
» dition dans le pays, que le tonnerre tomba
» alors sur un Pic très élevé, qui se trou-
» vait au pied de la colline, et que l'arbre
» fut consumé jusques dans ses racines :
» la flamme, ajoute-t-on, se communiqua
» au sol, qui brule intérieurement depuis
» cet orage : cette flamme est déjà éteinte
» au pied de la montagne, mais n'est pas
» encore parvenue jusqu'au sommet : l'in-
» cendie a consumé entièrement la partie
» méridionale de la forest qui la couvrait :
» il a mis à nud plus de 700 brasses de ter-
» rein, de la base du rocher à la cime,

» et après d'autres dévastations, il a paru
» s'éteindre.

« Les parties incendiées du mont Kar-
» gousch, sont composées en partie d'un
» grais rougeâtre, que le feu a rendu com-
» pact et sonore, et en partie d'une pierre
» tendre et brulée, qui se divise par petites
» lames. Les couches paraissent décliner
» de l'Est à l'Ouest, quoique l'ordre soit
» difficile à constater à cause des éboule-
» mens. Les places incendiées sont remplies
» de trous et de crevasses ; on s'expose
» singulièrement en y marchant. On en-
» fonce jusqu'aux genoux dans le torrent,
» et on ne peut s'en retirer, sans sentir l'é-
» manation du feu ; une vapeur légère et
» brulante, qui se dirige vers le Soleil,
» sort continuellement par les crevasses :
» dans les temps d'orage, ou au milieu
» d'une nuit profonde, cette vapeur se
» change en une flamme légère qui s'élève
» à quelque hauteur : cependant on ne

» sent aucune odeur de souffre qui se propage dans l'atmosphère; la chaleur de la montagne fait qu'elle fourmille de vipères, et qu'on n'y voit jamais de neiges en hyver ».

En général toutes les fois qu'on rencontre dans le sein de la terre des Pyrites ou d'autres substances inflammables de ce genre, voisines de l'eau qui les fait fermenter, on voit en petit, les phénomènes de destruction, qui accompagnent l'embrasement d'un Etna, d'un Hécla, ou d'un Pic de Ténériffe. mais ces faibles rameaux de la théorie du Volcanisme, méritent peu notre attention, quand l'arbre entier vient fixer nos regards : voyons si les Volcans, qui brulent au sein de nos continents, peuvent s'assimiler soit par les effets, soit par les causes, avec ceux des Isles et des Archipels.

Nous ne connaissons point de Volcans qui brulent au sein de l'Afrique. En Asie, on ne parle que du mont Damavend et du

mont Albours : recherchons si leur position
contredit les principes fondamentaux de
notre théorie du Volcanisme.

Le mont Albours, dont le Cratère vomit
fréquemment des flammes et couvre les
plaines voisines de rochers, dans ses grandes
explosions, est situé, dit on, à huit lieues
de la ville de Hérat, dans le Khorasan, une
des provinces de la Perse, et à peu de distance du Taurus, auquel il semble adossé :
or, si l'on jette les yeux sur la grande Carte
de l'Asie de Danville, la plus estimée des
géographes, on verra que le Taurus, vers
la hauteur de Hérat, sert de ceinture, à l'Est,
à une plaine de plus de cent trente lieues
de long sur quarante de large, marquée
sous le nom de Grand Désert salé, et
reste évident du séjour de la mer sur cette
contrée stérile, à une époque peu éloignée
de la fondation de la première monarchie
de Perse.

Le Volcan de Damavend, que les voyages

d'Herbert nous ont fait connaître, est, dit il, une montagne de l'Aderbijan, couverte de souffre, et qui s'enflamme la nuit comme le Vésuve : ses exhalaisons pestilentielles vont infecter une partie de la mer Caspienne, qui en est éloignée de quarante lieues. Cette position, si on consulte la même Carte de Danville, suppose la montagne ardente entre un grand lac d'Urmia et la mer Caspienne, qui, comme nous le verrons dans la suite, virent leurs eaux réunies à un age assés peu reculé, pour que la tradition nous en ait été transmise par les anciens géographes.

L'Asie, au temps où elle n'existait que par les Pics de ses montagnes, avait sans doute un nombre prodigieux de Volcans ; mais la retraite de l'Océan, aliment naturel de leurs feux, a contribué à les éteindre : c'est ainsi que l'Ararat, qui brulait autrefois par la montagne secondaire qui lui était adossée, se trouvant maintenant à une

grande

grande distance des mers, ne conserve de vestiges de ses anciennes explosions, que par la ceinture de rochers noirs et brulés, qui constituent ce que Tournefort appelle son abyme.

En général plus un monde est ancien, et moins il doit avoir dans son sein de montagnes Volcaniques : voilà un des grands résultats de la géographie raisonnée du globe.

L'Europe s'est élevée au dessus des eaux, un nombre prodigieux de siècles après l'Asie et l'Afrique, qui, par les cimes du Caucase et des Atlas, peuvent être regardées comme le berceau du genre humain : l'Europe, dans les parties où elle tient encore à la mer, doit donc être Volcanique, par les Pics de ses montagnes secondaires.

L'Amérique est un monde infiniment plus neuf que l'Europe, et ses Volcans s'adossèrent au Granit même de ses montagnes primordiales.

Il ne faut point parler ici du Continent Austral, parce qu'il n'est pas encore né; et qu'on le voit s'élever peu à peu par la réunion de ses Archipels : mais quand cette cinquième partie du globe, sera tout à fait organisée, je ne doute pas que les Cook qui viendront y porter les arts de l'Europe vieillissante et ses lumières, n'y trouvent un nombre prodigieux de Volcans, soit isolés, dans des Péninsules, soit adossés à des Chaînes de montagnes primordiales.

Nous ne connaissons de vraies montagnes ardentes sur la terre ferme de l'Europe, que le Monte-Nuovo des environs de Pouzzole, la Solfatare et le Vésuve : encore les premières à demi éteintes, ne manifestent-t-elles depuis long-temps leur nature inflammable, que par la chaleur de quelques fragments de leur sol, et par les vapeurs ardentes qui s'élèvent des fentes de leurs anciens Cratères.

Le Monte-Nuovo ne date pas d'une annne origine : il naquit la nuit du 29 septembre 1538, à la suite de vingt secousses de tremblemens de terre qui effrayèrent toute la Campanie : nous avons de ce grand événement deux relations contemporaines, écrites par Marc-Antoine de Falconi et Pierre de Tolède, qu'on voit traduites dans les ouvrages précieux de Ferber et du chevalier Hamilton : la première, comme la plus détaillée, a plus de droits à une analyse.

« Une heure après le coucher du Soleil,
» on apperçut des flammes entre des eaux
» Thermales, et Tipergola : le feu fit de
» tels progrès en peu de temps, que la terre
» s'entrouvrit, et il en sortit une si grande
» quantité de cendres et de pierres ponces
» mêlées d'eau, que toute la plaine en fut
» couverte ; la même émanation se porta
» en forme de pluye sur Naples et sur
» Pouzzole ; les habitans de cette dernière
» ville, consternés, abandonnèrent leurs

« foyers, et se sauvèrent avec précipitation,
» la terreur dans les yeux, et la mort dans
» le sein. Cette éruption couta la vie à une
« foule d'oiseaux qui traversaient l'atmos-
» phère, et à un grand nombre de poissons
» que la mer, en se retirant, abandonna
» sur le rivage.

» Le Viceroy de Naples se rendit, avec
» un grand nombre de seigneurs sur les
» lieux, pour examiner ce désastre, et je
« l'y accompagnai. La mer, du côté
» de Bayes, avait laissé un grand terrein
» à sec, et le sol qu'elle couvrait aupara-
» vant, nous parut desséché par la quan-
» tité de cendres et de pierres-ponces bri-
» sées, qui avaient été vomies pendant
» l'éruption.

» Cependant des tourbillons d'une fumée,
» en partie noire et en partie transparente,
» s'élevaient du gouffre à une très grande
» hauteur, laissant de temps en temps le
» passage à des flammes d'une couleur

» foncée, et même à des pierres énormes :
» le fracas qui accompagnait ce phéno-
» mène égalait la décharge d'un grand
» nombre de pièces d'artillerie.

« Le quatrième jour après l'explosion
» de Monte-Nuovo, deux heures avant le
» coucher du Soleil, je naviguai tranquil-
» lement auprès de Misène : bientôt j'ap-
» perçus un grand nombre de colonnes de
» fumée s'élever, se replier sur la mer et
» s'approcher de notre barque, qui était
» alors à une distance de près de deux lieues,
» du théâtre de l'éruption : jamais le fracas
» n'avait été aussi terrible : il semblait que
« la quantité de matières élancées, allaient
» ensevelir la terre et la mer. Ces matières,
» suivant quelques témoins oculaires, se
» portèrent jusques dans les plaines de
» la Calabre, éloignées de Pouzzoles de
» cent cinquante milles.

« Cependant l'activité de l'incendie ayant
» prodigieusement diminué, beaucoup d'ob-

» servateurs se rendirent à Monte-Nuovo,
» et tous se réunirent à assurer que les
» pierres et les cendres vomies par le feu
» souterrein, avaient formé dans la vallée
» une montagne de la hauteur du mont
« Barbaro et de trois milles de circonfé-
» rence. La formation d'une masse si pro-
» digieuse, en si peu de temps, paraîtra
» sans doute un prodige, qui n'a pas de
« droit à notre crédulité.

« La cime de Monte-Nuovo, a une ou-
» verture en forme de coupe, qui peut
» avoir un quart de mille de circonférence;
» six jours après l'éruption, il s'en éleva
» encore d'horribles tourbillons de fumée
» qui étouffèrent vingt-quatre personnes,
» curieuses d'aller observer de près ce grand
» phénomène de la nature.

Le mémoire de Pierre de Tolède, confirme en tout celui de Marc-Antoine de
Falcon : ce qui leur donne à tous deux la
plus grande authenticité : on y voit que

la mer du côté de Bayes, se retira à plus de deux cents pas, que les pierres vomies par le Volcan, se convertirent par la force de l'incendie en pierres-ponces, et que quelques unes d'entr'elles avaient le volume d'un taureau.

Le chevalier Hamilton, qui alla examiner cette montagne ardente en 1770, découvrit que le sable qui est entre sa base et le bord de la mer, est d'une chaleur brulante, dans un intervalle d'environ cent pas : il apperçut aussi au fond du Cratère, couvert aujourd'hui d'arbrisseaux, une ouverture, d'où s'exhalait continuellement une vapeur chaude et inodore, comme celle de l'eau bouillante : les gouttes de cette vapeur pendaient sur tous les buissons d'alentour, en forme de Stalactites.

Si le golfe Adriatique communique encore avec les cavernes de Monte-Nuovo, foyer de son ancien incendie, ou si, le conduit étant obstrué, quelques secousses de tremblements de terre, ouvrent un jour nouveau à la mer au travers des décombres, ce Volcan à demi éteint pourra se réveiller après un long sommeil, comme l'histoire le rapporte de l'Hécla et du Pic de Ténériffe.

Une des bases de ma théorie, est qu'une vraye montagne ardente, ne peut naître que dans une Isle ou du moins dans une Péninsule: et quoique le Monte Nuovo soit aujourd'hui au milieu de la terre-ferme, son éruption confirme cette base au lieu de la renverser.

D'abord, on a vu la mer du côté de Bayes se troubler à l'époque du phénomène, s'éloigner de deux cents pas et abandonner son ancien lit aux cendres et aux pierres-ponces : indice manifeste de la correspondance entre elle et le Monte Nuovo, qui, sans le contact des eaux, n'aurait point eu d'explosion.

Mais il existe une preuve bien plus triom-

phante de l'origine marine du Monte-Nuovo : c'est que suivant une tradition universelle, ce Volcan s'éleva du fond du Lac Lucrin, dont il produisit la destruction. Lazzaro Moro a été un des interprètes de cette tradition : « Le Monte Nuovo, dit il,
» eut une explosion terrible ; il couta la
» vie à un grand nombre d'hommes, ren-
» versa beaucoup d'édifices, et ensévelit
» sous des décombres tout le bourg de Si-
» pergola : outre cela le lac Lucrin fut
» comblé par les matières qui sortirent de
» son Cratère, et ce n'est aujourd'hui qu'un
» marais rempli de roseaux.

Le chevalier Hamilton étonné du silence de Marc Antoine de Falconi et de Pierre de Tolède, sur la métamorphose en terre du lac Lucrin, l'explique d'une manière qui fait autant d'honneur à son érudition qu'à son génie : « il y avait, dit il, une écluse
» fameuse qui, au rapport de Strabon, et
» de plusieurs autres anciens, séparait le

lac d'avec la mer; il est infiniment probable que le laps du temps l'avait anéantie,
et que la mer était réunie au lac, avant
l'explosion de 1538, qui fit naître le second Volcan de l'Italie.

La Solfatare, située à environ huit cents
toises de Pouzzole et presqu'à une égale
distance de Naples et du Monte-Nuovo,
remonte par l'époque de ses éruptions à
une haute antiquité : Strabon et Pline parlent
de ses eaux Thermales, du souffre qui
s'amasse sur son Cratère, et des autres
indices de son embrasement.

La Solfatare, d'après le récit de l'académicien Fougeroux de Bondaroy, est fermée
par des montagnes qui l'entourent en tout
sens; et il faut monter une demie heure
avant d'y arriver.

La terre qui forme le fond du bassin, est
sèche et aride; aucun genre de végétation
ne peut s'y déployer ; le sable jaunâtre qui
en forme la plus grande partie, semble formé

de la destruction des roches qui l'environnent, et c'est le souffre très-abondant sur ce sol Volcanique, qui sert à le colorer.

Ses montagnes, qui terminent à la vue l'ellipse presqu'entier du bassin, offrent des traces manifestes de bouleversement, produites par les secousses de tremblements de terre : ce sont pour la plupart, des rochers fendus, et dont les pointes saillantes sont calcinées et brulées ; le jaune y est d'autant plus marqué, que ses parties ont été plus ou moins attaquées par le feu, ou recouvertes d'une plus grande partie de souffre, qui se sublime de ce côté, de la montagne et sur la surface du bassin.

Dans plusieurs endroits, on rencontre des ouvertures en forme de petits Cratères, par où s'exhale une fumée assés chaude pour affecter vivement la main, sans cependant pouvoir allumer le souffre qu'on présente à ses émanations.

Quand on expose à ces fourneaux de la

nature une pièce d'or, elle ne s'y ternit point, mais l'argent en monnaye y noircit promptement. Cette vapeur change en rouge la couleur bleue des végétaux : il se sublime par ses ouvertures, non seulemens du souffre, mais encore du sel ammoniac.

Il y eut une explosion terrible de ce Volcan en 1198, sous le règne de Frédéric II. Les naturalistes s'accordent à regarder comme un monument des désastres que cette partie des champs Phlégréens éprouva alors, la couche de matières Volcanisées, qu'on apperçoit sur les ruines du temple de Sérapis près de Pouzzoles.

Il fallait que la Solfatare eut à cette époque un immense foyer : car le Cratère qui s'est conservé, forme encore un Ellipse, qui a quinze cents pieds de long dans son grand diamètre.

Ce Cratère repose sur une voute assés mince : car si l'on y jette une pierre d'un certain volume, sa chute fait résonner le sol, d'une manière effrayante : ce qui indique au dessous, un abyme, dont il faudrait craindre de mesurer la profondeur.

La Solfatare, malgré un état d'épuisement, qui dure depuis près de six siècles, conserve une sorte d'activité : il s'échappe de ses cavités des vapeurs humides, que l'ombre de la nuit rend quelquefois lumineuses: elles contractent, en s'élevant d'un foyer mal éteint aux parois de la voute, une odeur de foye de souffre, qui gêne la respiration de l'observateur : la force de ces émanations est d'une telle violence que le cuivre s'y dissout, et que les pierres qu'on y expose en sortent imprégnées de sel ammoniac.

Le Cratère de cette montagne ardente a pour rempart une espèce de rocher divisé en lits argilleux ; c'est un produit de matières Volcaniques, que la vapeur enflammée de l'acide sulphureux a dénaturées : ce passage singulier des Laves les plus compactes à l'état d'argile, a été reconnue d'abord par le chevalier Hamilton, et son observation a fait époque dans l'histoire naturelle.

Ce n'est pas ici le moment de s'étendre sur la communication de la Solfatare, non seulement avec le Vésuve, mais encore avec le Monte-Nuovo et les autres bouches ardentes des champs Phlégréens : une pareille observation sera plus à sa place, quand nous jetterons un coup-d'œil philosophique sur les Volcans éteints du globe.

Il suffit, en ce moment, de faire remarquer que la position de cette montagne de feu, à mille pas à l'Est du Lac Agnano et seulement à 500 au Sud du golfe de Pouzzoles, annonce évidemment son origine. Le lac Agnano, ainsi que le lac Averne, le lac Fesaro et tous les autres des champs Phlégréens, sont des restes de la mer qui s'est retirée; ainsi on ne peut douter que

la Solfatare ne fut une Isle à l'époque de
sa première explosion.

En général, personne jusqu'ici ne semble
avoir trouvé le fil, qui réunit les phénomènes en apparence contradictoires du Vol
canisme, parce qu'à la vue d'une montagne
ardente, un peu éloignée de la mer, telle
que la Solfatare, on n'a pas voulu réfléchir
que le sol sur laquelle elle repose, fut dans
des temps antérieurs, baigné des vagues...
Il est hors de doute que c'est de la lutte,
du feu et des eaux que dépend le mécha
nisme de l'éruption des Volcans: mais toutes
les montagnes à Cratère ont une communication ouverte ou obstruée avec la mer
parce que toutes ont fait partie d'une Isle
ou du moins d'une Peninsule, cette grande
vérité, que nous ne jettons ici qu'en passant,
aura tout son développement, quand, dans
la population du globe, nous suivrons
l'Océan à la trace graduée de sa retraite :
alors cette lef de la théorie du Volcanisme

deviendra en même temps une des clefs majeures du temple de la nature.

Il ne nous reste plus qu'à rassembler dans un seul foyer, la plupart des traits de lumière que nous offrent les éruptions du Vésuve, et ce tableau achevera d'épuiser les phénomènes qui entourent le berceau de nos Volcans de terre ferme.

Éclaircissements et Notes

ÉCLAIRCISSEMENTS
ET NOTES.

Page 7.
(Sur le feu central).

IL faut rendre justice à tout le monde, soit dans un livre philosophique, soit dans une histoire. Ainsi, je restitue à Whiston, le feu central, dont Buffon, et son ingénieux disciple, l'historien de l'astronomie, ont fait honneur à Mairan. Le texte que j'ai rapporté, est dans le livre qui a pour titre: *A new theory of the earth*, ou *nouvelle théorie de la Terre*, liv. 4, chap. I. L'ouvrage de Whiston parut à Londres en 1696, et la première édition du mémoire de Mairan sur la glace, où est annoncée, (je ne dis pas développée), l'hypothèse du feu central, n'est que de 1716.

Page 8.
(Analyse du Système du feu central).

Elle a été faite, non seulement d'après Buffon,

mais encore d'après celui de ses disciples, qui a eu le plus de génie, voyés *Lettres sur l'origine des Sciences*, pag. 326.

Page 14.

(Texte du grand Newton, qui a servi de germe au Système du Feu central).

Est calor Solis ut radiorum densitas, hoc est reciproce ut quadratum distantiæ locorum a Sole. Ideòque cùm distantia cometæ a centro Solis decemb. 8, ubi in perihelio versabatur, esset ad distantiam terræ a centro Solis ut 6 ad 1000 circiter, calor Solis apud cometam eo tempore erat ad calorem Solis æstivi apud nos, ut 1000000 ad 36, seu 28000 ad 1. Sed calor aquæ ebullientis est quasi tripló major quàm calor quem terra arida concipit ad æstivum Solem, ut expertus sum, etc. calor ferri candentis (si recté conjector) quasi tripló vel quadrupló major quàm calor aquæ ebullientis; ideòque calor, quem terra arida apud cometam in perihelio versantem ex radiis Solaribus concipere posset, quasi 2000 vicibus major quàm calor ferri candentis, tanto autem calore vapores et exhalationes, omnisque materia volatilis statim consumi ac dissipari debuissent.

Cometa igitur in perihelio suo calorem immensum ad Solem concepit et calorem illum diutissimè conservare potest.

Globus ferri candentis, digitum unum latus, calorem suum omnem spatio horæ unius in aëre consistens, vix amitteret. Globus autem major calorem diutius conservaret in ratione diametri; propterea quòd superficies (ad cujus mensuram per contactum aëris ambientis refrigeratur) in illâ ratione minor est, pro quantitate materiæ suæ calidæ inclusæ. Ideòque globus ferri candentis huic terræ æqualis, id est, pedes plus minus [?] latus, diebus totidem et id circà annis [?], vix refrigesceret. Vŏy. Princip. Mathem. Lond. 1726, pag. 509).

Page 20.

(Sur l'uniformité de la chaleur du globe, a 60 ou 80 pieds de profondeur).

» Notre Terre a reçu du Soleil, et peut-être d'au-
» tres causes qui ne nous sont pas bien connues, un
» certain dégré de chaleur, qui passe pour être uni-
» forme, à la profondeur de 60 ou 80 pieds, dans
» les parties solides de ce globe; et qui, dans ces

» mêmes parties, et à cette même profondeur, n'est
» pas sensiblement affecté par les variations des
» saisons. Cette chaleur est ce que j'appelle la
» chaleur intérieure de la terre. Elle se fait sentir,
» malgré les froids de l'hyver, à tous les corps,
» qui, enfoncés dans la terre, ou posés sur sa sur-
» face, sont suffisamment garantis des impressions
» du froid extérieur. Voy. *Voyages dans les Alpes*,
par Horace Benedict de Saussure, tome II, pag.
263.

Page 21.

(CITATIONS DIVERSES SUR LA QUESTION, SI LE GLOBE
TEND A SE REFROIDIR OU A S'ÉCHAUFFER).

Voyés sur la Numidie *Appian. in Lybicis.*

Sur le fleuve de Thermodon, le faux Plutarque,
qui a fait un livre sur les noms des fleuves et des
montagnes: *Geographiæ veteris scriptores Græci
minores*, tome II.

Sur l'isle d'Ogygie, œuvres morales de Plutarque,
traité de l'aspect que présente l'orbe de la Lune.

Sur les Palus-Méotides Diodor. *Histor. Uni-
versal.* lib. 3, paragr. 17, et Strabon, *géograph.*
lib. 2, pag. 126.

Sur la Thrace. Ovide, qui avait été exilé en

Thrace, et qui confirme cette description de Virgile, embellie par l'abbé de Lille, voy. *trist.* lib. 3 *et Eleg.* 4 et 10.

Pausanias de son côté, qui vivait sous Marc-Aurèle, dit que de son temps, plusieurs particuliers possédaient des ours blancs, qu'ils faisaient venir de Thrace, *Arcad.* cap. 17.

Sur Rome, Columelle, *de re rusticâ*, lib. I, cap. I. et Juvenal *Satyr.* lib. 6.

Sur Lutèce, Strabon, *Géograph.* lib. IV, et Varron, *de re rusticâ*, lib. I.

Page 32.

(Sur les charbons fossiles).

Le calcul sur la mine de Saint-Gilles, est tiré d'un ouvrage du naturaliste Cenneté, qui a pour titre : *Connaissance des veines de Houille*; il compte 4125 pieds de Liège, qui réduits à la mesure de Paris, n'en donnent que 3438.

Quant au nombre des mines de charbon de France, on peut consulter Buffon, *Minéralogie*, tome II, pag. 301.

Voyés pour l'inflammation de la mine de Pentneth-casen, le n°. 429, des *Transactions Philosophiques*.

ÉCLAIRCISSEMENTS

Lehmann s'exprima ainsi, sur la durée de ces incendies: « C'est une chose si connue, que les » charbons de pierre s'allument et continuent à » brûler sous terre, que je n'ai pas besoin d'en » citer beaucoup d'exemples; nous en avons des » preuves dans les charbons de Wetin, et de » Zwickau, dans celles d'Angleterre, etc. Et l'on » trouvera toujours que ces embrasemens spontanés » sont venus des Pyrites qui étaient mêlées avec » les charbons: on voit une preuve de cette vérité » dans les chartons de pierre entassés, qui s'en- » flamment très aisément en été, lorsqu'à des » pluies d'suiccède un beau soleil, voyés *œuvres de Lehmann*, tome III, pag. 452.

Le même chymiste *ibid.* pag. 442. trouve de l'aliment aux incendies souterrains dans la pierre à chaux et dans les ardoises.

Page 55.

(Sur la pierre Ponce).

» Sachant qu'en histoire naturelle et en physi- » que, les raisonnemens et les conjectures n'équi- » valent jamais aux expériences et aux observations, » et y suppléent rarement, j'étudiai les pierres pon- » ces, sur les lieux mêmes, avec la plus grande atten-

» tion : je m'attachai principalement à celles qui
» sont pesantes, et qui me paraissant moins altérées
» par le feu, peuvent conserver quelques caractères
» de leur base primitive. Je reconnus dans plusieurs,
» le grain, les écailles luisantes et l'apparence fissile
» de Schistes Micacés blanchâtres, qui se trouvent
» interposés en immense quantité, au milieu des
» Laves de Granit, des montagnes du Val-de mona.
» Je vis dans quelques autres des restes de Granit,
» dans lesquels je reconnaissais encore les trois parties
» constituantes, Quartz, Feld-Spath, et Mica ; et
» je remarquai que ces trois substances, qui se
» servent mutuellement de fondant, acquièrent,
» par l'action du feu, une espèce de vitrification,
» qui tient le milieu entre l'émail et la Porcelaine,
» et qui peut être comparée à une frite un peu
» boursouflée ; je leur vis acquérir par dégrés, le
« tissu lâche et fibreux, la consistance de la ponce,
» et je ne pus plus douter que la roche feuilletée
» Granîteuse et Micacée, et le Granit lui-même,
» ne fussent les matières premières, à l'altération
» desquelles on doit attribuer la formation des
» pierres-ponces. Voy. *Le Voyage aux Isles de
Lipari*, du commandeur de Dolomieu, pag. 66 et 67.

a 4

ÉCLAIRCISSEMENTS

Même page.

(Sur le Basalte).

Voyés les deux ouvrages précieux de M. Faujas de Saint-Fonds, qui ont pour titre: *Recherches sur les Volcans éteints du Vivarais*, et *minéralogie des Volcans*.

C'est ce physicien qui nous a fait connaître le plus superbe massif de Basalte en boule qui soit en Europe.

» C'est à environ quatre cents pas de la petite
» ville de Pradelle, dans le plus haut Vivarais,
» qu'existe la collection de boules Basaltiques, la
» plus remarquable que j'aie vue, et la plus propre
» en même tems à développer la théorie de leur
» formation, ou plutôt à prouver et à démontrer
» que ce n'est point en roulant, que celles-ci se sont
» arrondies.

» Arrivé à Pradelle, demandés le quartier nommé
» Ardenne, connu de tous les habitans: là vous
» trouverés une Butte isolée et saillante, entière-
» ment composée d'une Lave dure des plus sonores;
» le basalte n'est point ici en pavé, en tables ou en
» masses irrégulières; mais la crête de la Butte est
» entièrement hérissée d'énormes poutres de basalte,

» grossièrement équarries, dont un grand nombre
» est dirigé vers le ciel, tandis que d'autres très-
» saillantes et de grandeur inégale, semblent mena-
» cer l'horizon; ou sont placées dans des positions
» singulières et variées. On voit cependant que
» l'ensemble, ou si l'on veut le système général de
» ce groupe étonnant, est disposé de l'est à l'ouest.
» La première face latérale du talus, qui est au bas
» de la butte, est jonchée de boules et de débris
» détachés des masses supérieures. C'est dans cette
» partie qu'il faut se placer, pour étudier et con-
» templer en face ce superbe morceau.

« On verra de droit et de gauche, une multitu-
» de de boules variées par la grosseur, mais toutes
» d'une pâte extrêmement dure et de la plus grande
» pureté. Plusieurs sont détachées et jetées pêle-
» mêle, tandis que d'autres encore en place sont
» dans leur matrice primitive, c'est-à-dire, incrus-
» tées et enracinées dans le Basalte.

« En remontant vers la sommité du Monticule,
» on ne tarde pas à découvrir le principal morceau,
» qui doit fixer toute l'attention de l'observateur;
» c'est une énorme boule de 45 pieds de circonfé-
» rence, naturellement encaissée entre les poutres
» de Basalte dont j'ai parlé, et agitée de manière

» qu'il n'est pas possible de douter, qu'elle n'ait été
» ainsi formée, dans l'endroit même où on la remar-
» que, et où elle est encore exactement attenante à
» la masse totale. Rien n'a été déplacé dans cette
» partie, qui existe dans toute son intégrité pri-
» mitive.

» Cette masse majestueuse, parfaitement sphéri-
» que, en impose; elle est d'autant plus intéres-
» sante, que les fortes gelées qui règnent dans ce
» climat, ou d'autres accidens, en ont fait déta-
» cher heureusement une portion qui, loin de la
» dégrader, la rend plus curieuse encore, puisque
» l'on peut voir par là toute sa contexture intérieure
» qui offre; 1°. Un noyau de forme ronde de 13
» pieds 6 pouces de circonférence; 2°. Six diffé-
» rentes couches ou enveloppes concentriques, d'un
» pied d'épaisseur chacune, fortement adaptées les
» unes contre les autres; 3°. Ces lames, qui s'amin-
» cissent par les bords, sont disposées de ma-
» nière que cette boule volumineuse, vue d'un peu
» loin, ressemble à un énorme choux pommé. Je ne
» saurais trop recommander aux amateurs de
» l'histoire naturelle, d'aller étudier ce beau
» morceau, voyés *Recherches sur les Volcans
éteints*, pag. 155 et 155.

ET NOTES. xj

Page 43.

(SUR LES CAVERNES SOUTERRAINES).

L'anecdote sur la caverne de Gmelin, se lit dans *l'Histoire des découvertes des voyageurs*, édit. de Lausanne, tome I, pag. 74.

Le trait de Pallas est analysé d'après l'édition Française de ses *voyages*, tome 1, pag. 77 et 87: l'Archine dont il est parlé dans le texte, est l'aune de Russie très inférieure à la nôtre, car cent aunes de Paris, font 167 Archines. On peut voir sur les cavernes de la Carniole, *Acta eruditor. Lips. anno* 1689, pag. 558.

On peut consulter sur l'affaissement de la caverne de Cachemire, la *description de l'Inde*, du P. Tieffenthaler, tome I, pag. 79 et 80; il s'agit ici du fait, et non des causes, sur lesquelles il ne faut consulter ni ce missionnaire, ni Bernier, ni les Brames.

Tournefort décrit la grotte d'Antiparos, pag. 221, du tome I de son *Voyage du Levant*, et Gordon, celle de l'Achaye dans sa *Géographie*, édit. de Londres, pag. 179.

Voyez sur la caverne de l'Isle Vulcano, le *voyage aux Isles Lipari*, du chevalier de Dolomieu, pag. 12 et sur les voutes qui servent de base aux Isles Volcaniques, Buffon, *Hist. Naturelle*, tome 2, page 363.

Page 57.

(DE L'EXPÉRIENCE DE BOYLE, SUR LA RARÉFACTION DE L'AIR.)

Cette belle expérience se trouve dans le tome I. de l'édition in-folio de ses ouvrages, au traité qui a pour titre: *tractatus demirâ aeris rarefactione*.

Page 61.

(DES VAPEURS SULPHUREUSES, QUI ACCOMPAGNENT LES TREMBLEMENS DE TERRE.)

« On remarque dans les relations des tremble-
« mens de terre, qu'ils arrivent tous, lorsqu'il y a
« un nuage noir sur l'horison : et, quoique le ciel
« soit serein au moment de l'explosion, il paraît
« cependant chargé de quantité de matières sulphu-
« reuses et inflammables : telles que peuvent être
« des feux follets et autres météores. Voyés, *Ré-
flexion du docteur Hales sur les causes des trem-
blemens de terre*, lues le 5 avril 1750, à la Société Royale de Londres.

Ces vapeurs firent périr trois mille hommes, après

le tremblement de terre de la Jamaïque, en 1692. Voyés, *Histoire des tremblemens de terre arrivés à Lima*, etc. page 444.

On peut consulter aussi, sur cette fameuse commotion, qui ébranla 2600 lieues quarrées *Rays Discourses*, page 272.

Page 68.

(SUR LES PRÉSAGES DES TREMBLEMENS DE TERRE.)

Le voyageur dont j'invoque le témoignage, au sujet du tremblement de terre du Pérou, est Le Gentil, *nouveau voyage autour du monde* ; il ne faut point le confondre avec un académicien du même nom, qui de nos jours a parcouru cinq à six mille lieues de mers, pour manquer le passage de Vénus.

Page 70.

(DES TREMBLEMENS DE TERRE, DONT LES ANCIENS NOUS ONT CONSERVÉ LA MÉMOIRE.)

Sicilia magnis terræ motibus a Continente fuit avulsa. Voyés, *Chrestomath. ex Strabonis geographicor. Lib. V.* dans le tome second des petits géographes, page 62.

Le même géographe dit, au sujet de l'Ossa et de l'Olympe: *Ossa ab Olympo fuit avulsa*, et il ajoute, *apud Methonem in sinu Harmonico, facta evaporatione flammea, mons altitudine septem stadiorum ejectus est.* Voyés le même abbréviateur de Strabon, page 12 et 13.

C'est Strabon lui même et non son abbréviateur qui nous donne, sur la foi de Possidonius, dans le premier livre de sa géographie, les détails du tremblement de terre de Phénicie.

Voici le texte de Pline, sur le tremblement de terre de Modène: *factum est semel (quod equidem in Etruscæ disciplinæ voluminibus invenio) ingens terrarum portentum, Lucio Marco Sex. Julio Coss. in agro Mutinensi; namque montes duo inter se concurrerunt crepitu maximo adsultantes, recedentesque, inter eos flamma fumoque in coelum exeunte interdiu, spectante è via Æmilia magna equitum Romanorum, familiarumque et viatorum multitudine. Eo concursu villæ omnes elisæ, animalia permulta, quæ intra fuerant, exanimata sunt.* Voyés *Victor Natur.* lib. 2. cap. 83.

Le prétendu tremblement de terre, qui se fit sentir dans tout le monde connu, est d'Ammien Marcellin, liv. 26 cap. 14.

Voyés sur celui de la Mésopotamie, où des villes voyageaient avec les montagnes, *Collection académique*, partie étrangère, tome VI, page 510. Le mémoire d'où ce fait est tiré a beaucoup servi à simplifier nos recherches.

Si cependant il était possible de justifier ce voyage des villes avec leurs montagnes, on pourrait citer l'anecdote du même ouvrage, marquée à l'année 1571. « Le 17 février, dit cet historien, la terre s'ouvrit
« tout d'un coup à Kinanstone dans le comté d'He-
« reford en Angleterre: alors plusieurs rochers
« s'avancèrent, avec le terrein sur lequel ils étaient
« assis, faisant un bruit terrible, et continuèrent
« de se mouvoir depuis six heures du soir jusqu'à
« la matinée du lendemain, époque où ils se trou-
« vèrent avoir parcouru l'espace de quarante pas;
« l'ouverture, qui s'était faite d'abord, resta profonde
« de trente pieds, large de 160 verges et longue
« de 400. Tout le district qui contenait 26 acres
« fut entièrement bouleversé; la masse des rochers,
« en se remuant, poussa le terrein devant soi et
« forma une montagne de 24 verges de hauteur; Voyés, *Collection académique*, tome VI, page 516.

ÉCLAIRCISSEMENTS

Page 77.

(Sur le tremblement de terre de Lisbonne.)

J'ai consulté sur ce sujet un grand nombre d'ouvrages, tels que le tome VI de la *Collection Académique*, partie étrangère, le recueil de traités sur l'*Histoire Naturelle*, par le Pasteur Bertrand page 275. Les *Mémoires de l'académie de Suède*, année 1755. La *nouvelle description des Alpes*, par M. Bourrit, tome II. page 168. Les *Réflexions physiques* de Leles, les *Recherches sur les Volcans éteints* de M. Faujas, et les *Oeuvres* du chevalier Hamilton.

Page 88.

(Du concours de l'air avec l'eau dans les éruptions.)

Le célèbre Lehmann nous sert de guide dans cette partie de nos recherches : il a démontré dans une lettre à un académicien de Gottingue, que la présence de l'air dans les entrailles de la terre, était un fait qu'il n'était pas permis de révoquer en doute : ce fait est attesté suivant lui par les naturalistes les plus distingués ; ouvrés en effet la *Pyritologia* du fameux Henckel, et vous lirés page 508 de cet ouvrage :

ouvrage que le feu souterrein est sur-tout mis en action par le concours de l'eau de la mer. Boccone, dans le livre qu'il a intitulé : *Museo di fisica et di esperienze*, page 166, vous dira qu'aux environs d'Agrigente, il y a des endroits agités d'un tremblement continuel, qu'il s'y fait, dans des espaces de temps assés courts, des éboulements de terre; que des masses de terre tombant les unes sur les autres, le choc transporte un lieu, à la place d'un lieu voisin qui vient de disparaître; qu'il se fait alors des ouvertures qui paraissent dirigées au centre de la terre, et qu'il s'en échappe un vent si impétueux, que les perches qu'on y jette, sont repoussées avec autant de force, que si elles partaient de la bouche d'un canon. Ce naturaliste ajoute qu'il y a beaucoup d'endroits dans l'Italie, où l'on observe le même phénomène.

Page 90.

(DES TREMBLEMENS DE TERRE SOUMARINS.)

Voyés pour preuve, *voyages de Shaw*, tome I, page 503, *voyages de Schouten*, tome VI, pag. 103.

L'anecdote du Consul de Lisbonne, se lit dans les *Mémoires de l'académie des sciences*, année 1722.

ÉCLAIRCISSEMENTS

Page 92.

Sur la fumée des eaux marines, qui environnent le rocher de Vulcanello.

« La mer participe aux vapeurs sulphureuses qui
» pénètrent encore le Volcan, même dans sa base :
» elle est jaune dans plusieurs endroits, en dehors
» et en dedans de la petite Baye où nous avions
» debarqués : l'eau fume çà et là, et dans les places
» d'où s'élève cette fumée, sa chaleur est insup-
» portable.

» On voit aussi sortir de la base du Volcan, à
» quelques pouces au-dessus du niveau tranquille
» de la mer une quantité de petites sources brû-
» lantes. L'eau en est salée : ce qui prouve que c'est
» celle de la mer elle-même, qui se filtre dans les
» crevasses de la montagne, et que la chaleur y fait
» élever.

» Nous avions un chien fort amateur de l'eau,
» qui servait à nous faire distinguer les veines chaudes.
» Il allait dans l'eau autant que nous le voulions,
» quoique souvent il fut attrapé ; et ses cris, ou
» l'accélération de son mouvement nous servaient
» de thermomètre. Tous les poissons que leur mau-

à vais destin conduit sur ces tristes bords, y meu-
rent aussitôt, et la plage en était jonchée, auprès
de toutes ces veines chaudes, voyés, *Lettres physiques et morales*, de J. A. de Luc, tome II. page
439, et *Voyages aux Isles de Lipari*, du chevalier de Dolomieu, page 22.

Page 95.

{ Des éruptions d'eau marine, par la bouche des
Volcans. }

Voyés, *Lettres sur la minéralogie* de Ferber,
page 206, *Sorrentino*, liv. 2. chap. 7. et *Voyages
dans les mers de l'Inde*, de l'académicien le Gentil,
tome II. page 15; on pourrait joindre à ces témoignages, celui du pasteur de Berne, Bertrand.

« Près de Guatimala en Amérique, il est deux
» montagnes, dont l'une jette du feu, et l'autre
» fournit une quantité d'eau étonnante : celle-ci en
« a même pris le nom de Volcan d'eau, Voyés
Recueil de divers traités sur l'histoire naturelle,
page 332.

Page 96.

{ Des productions marines, vomies par le Vésuve. }

Voyés sur les coquillages *Braccini*, page 100.

Ce fait rappelle l'anecdote de la naissance d'une petite Isle de l'Archipel, qui, en s'élevant sur la surface de l'eau, apporta à sec sur sa croupe des coquillages, qui se nourrissent au fond des mers ; voyés le premier livre de l'ouvrage italien de Lazzaro Moro, *sur les coquillages qui se trouvent dans les montagnes*.

Sur les coquilles du Vésuve, Ferber, *Lettres sur la Minéralogie*, page 203.

Sur le sel de Vulcano, *le Voyage aux Isles de Lipari*, du chevalier de Dolomieu, page 40.

Sur celui de Stromboli, *Minéralogie des Volcans*, page 425.

L'anecdote des pétrifications, dans la pierre-ponce, est de Ferber, *ouvrage déjà cité*, page 66.

Celle des ossemens de baleine, dans la Pouzzolane des environs de Rome, est tirée d'une lettre de M. de Saussure, insérée dans les *Recherches sur les Volcans éteints*, de M. Faujas, page 73.

Enfin la critique du P. de la Torré par le baron de Diétrich, se trouve dans une note des *Lettres sur la Minéralogie* de Ferber, page 205.

Page 104 et 105.

SUR LA PROJECTION DES ROCHERS VOLCANIQUES.

Voyés, par rapport au Vésuve, une note du baron

de Diétrich, dans ses lettres *sur la Minéralogie de Ferber*, page 232, et sur les rochers de Corneille et de Saint Michel en Vélay, les *Recherches sur les Volcans éteints*, page 341.

L'élévation du Monte-Nuovo, en une seule nuit, est attestée par un mémoire du temps, de Marc-Antoine de Falconi, et par une relation de Pierre de Tolède, imprimées toutes deux à la suite de la traduction française des *Lettres* de Ferber sur la Minéralogie.

Page 107.

(DES ISLES NOUVELLES, ÉLANCÉES DU SEIN DES MERS.)

Voyés sur l'Isle d'Hyera, Strabon. *géograph*. Lib. I. L'Isle de Vulcanello, dont il s'agit ici, était autrefois séparée de celle de Vulcano par un bras de mer. Mais dès 1550, le détroit fut comblé soit par la retraite des eaux, soit par des éruptions Volcaniques, et aujourd'hui les deux Isles Lipariennes sont réunies : consultés sur l'Isle de Sénèque, *quæstion. natural*, lib. 2, cap. XXVI.

Le texte de Philostrate, sur l'Isle qui naquit près de la Crête, se lit *vita Apollon*, lib. IV. cap. 34.

Les écrivains de l'histoire Byzantine, qu'on anlyse, sont Theophane, page 338, Cedrenus, page 454 et Nicéphore, page 57.

L'ouvrage de Lazzaro Moro a pour titre : *De crustacei e degli altri marini corpi, che si trovano su' monti, libri due.*

On peut ajouter au tableau de toutes ces Isles nouvelles, l'origine Volcanique de l'écueil de St. Michel, dont parle Mandeslo, dans ses voyages.

» Le 16 de Juin 1628, il y eut un si horrible
» tremblement de terre dans l'Isle de St. Michel,
» que proche de son rivage, la mer s'ouvrit, et fit
» sortir de son sein en un lieu, où il y avait plus de
» neuf cents pieds d'eau, une Isle qui avait plus
» d'une lieue et demie de long et 360 pieds de
» hauteur.

Page 116.

(SUR LES OUVERTURES DES ISLES VOLCANIQUES, QUI REÇOIVENT L'EAU DES MERS.)

Quelquefois, ce ne sont pas les flancs inférieurs de la montagne Volcanique qui s'entr'ouvrent, c'est la surface qui reste à fleur d'eau : » du côté
» où la nouvelle Isle de Saint Michel est exposée
» au vent de Nord-Nord Ouest, elle forme une
» concavité où la mer est reçue, et il s'élève de

« là toutes les nuits des globes de feu, et des tor-
» rents de matières enflammées qui s'élèvent jusqu'au
» ciel. Voyés un mémoire de Libère Codronchius,
dans ceux de l'Institut de Bologne, *collection acad-
démique*, tome X, page 601.

Page 136.

(Sur les matières primordiales, lancées par le
feu volcanique.)

Voyés sur le Basalte du mont de la Coupe en
Vivarais, les *Recherches sur les Volcans éteints*,
page 298.

Sur le Granit des Laves, le même ouvrage, pages
165, 281, 29°, 308, 315, 318, 321, 341, et 349,
ainsi que la *Minéralogie des Volcans*, page 90 et
les *Lettres de Ferber sur la Minéralogie*, depuis
160 jusqu'à 274.

Et sur la pluye de cendres granitiques, qui sortie
du Vésuve, alla tomber sur l'Archipel, les *Transactions philosophiques*, année 1666, N°. 21, article 6.

C'est dans l'histoire *de l'Académie des sciences
de Paris*, année 1737, qu'est consigné le récit de
Montalegre sur le fleuve de Laves qui sortit cette
année du Cratère du Vésuve.

La Zône de Laves de l'Etna est décrite dans le beau *Voy.ge pittoresque de Naples et de Sicile*, par l'abbé de Saint Non, tome IV, page 71.

Page 140.

(D'une éruption de l'Etna, en 1679.)

Le mémoire du comte de Winchelsea, sur ce désastre de la Sicile, nous a été transmis dans une note de l'ouvrage du chevalier Hamilton, traduction française, page 100.

Page 144.

(Du rocher volcanique d'Arlempfe.)

Voyez, *Recherches sur les Volcans éteints*, par M. Faujas, page 409.

Page 150.

(De l'hypothèse de Buffon, sur la projection des Cordillières, par l'effet d'un tremblement de terre.)

Elle est consignée au second tome de *l'histoire naturelle*, page 324.

L'hypothèse de Pallas sur la projection des Archipels de la mer des Indes, est tirée de son *discours sur les montagnes*, page 82.

Page 161.

(DE L'ARCHIPEL VOLCANIQUE DES ISLES KURILES.)

Voyés, Relation de la découverte de la terre de Jesso par le Castricon, dans le *Recueil des voyages au Nord*, tome III, page 44, et l'*histoire des découvertes dans le Nord*, de Forster, tome II, page 265 et 352.

Page 163.

(SUR LES VOLCANS DU KAMSATKA.)

Voyés quelques détails sur les Volcans de cette partie de la Sibérie, au troisième voyage de Cook.

» Le 15 Juin 1779, nous entendîmes à la pointe
» du jour un bruit sourd; qui ressemblait à un coup
» de tonnerre éloigné, et au lever de l'aurore nous
» trouvames les ponts et les flancs du vaisseau, cou-
» verts à la profondeur d'un pouce, d'une jolie
» poussière qui ressemblait à de la poudre d'Éméril;
» à midi les explosions devinrent plus éclatantes;
» on recueillit des débris d'éruptions qui avaient la
» grosseur d'une noisette: l'obscurité de l'atmos-
» phère et l'odeur de souffre que nous respirions
» formaient un spectacle effrayant; la montagne au

» montrait alors à huit lieues de distance, tome VII, page 289.

Les trois montagnes ardentes, dont parle le professeur Krachenninikow, sont celles de Tolbatschi, de Kamsatka et d'Awatcha : nous faisons connaître la dernière dans le texte, et il nous reste à donner une idée des deux autres, dans les notes.

» Le Volcan Tolbatschi, a cessé de fumer depuis
» quarante ans, et depuis cette époque, il vomit
» du feu, d'un sommet hérissé de rochers, par lequel
» il communique à une autre montagne : dans l'é-
» ruption de 1739, il en sortit un tourbillon de
» flammes, qui réduisit en cendres toutes les forêts
» voisines : il s'éleva ensuite du même Cratère un
» nuage, qui s'étendit de tout côté, retomba en
» cendres et en couvrit, dans un espace de cinquante
» Werts, (trente milles), les neiges du Kamsatka.

» Le Volcan appellé Kamsatka, est le plus haut
» de la contrée : son sommet très escarpé est fendu
» en long, jusqu'à l'intérieur de la montagne qui est
» excavée : l'extrémité s'en applatit insensiblement
» parce que les bords de l'ouverture, dans le temps
» des éruptions, s'écroulent et retombent dans l'en-
» tonnoir.

» Suivant le rapport des Kamschadales, on l'a

» vû jetter des flammes sans interruption, pendant
» trois années, depuis 1727 jusqu'en 1731 : la cendre
» qu'il vomit est quelquefois en si grande quan-
» tité que la terre en est couverte, jusqu'à la dis-
» tance de 300 Werts.

» Dans l'éruption de 1737, la montagne entière
» ne paraissait qu'un rocher embrasé : les flammes
» qu'on appercevait dans son intérieur, à travers
» les fentes, s'élançaient quelquefois en bas, et
» semblaient être autant de fleuves de feu qui rou-
» laient leurs flots avec un fracas épouvantable. Ce
» Volcan lance quelquefois des pierres-ponces.

» Deux de ces montagnes ardentes du Kamsatka,
» ont cessé de jetter des flammes ».

Voyés la relation du professeur Krachenninikow
au chapitre 3 du tome II. du *Voyage en Sibérie*
de l'abbé Chappe d'Hauteroche.

Page 167.

(DES RAVAGES DU FEU VOLCANIQUE, AU JAPON, A
L'ISLE DU SOUFFRE ET AUX ISLES MARIANES.)

Voyés sur le Japon, *l'histoire naturelle et ci-
vile du Japon*, par Engelbert Kaëmpfer, traduction
française, tome I, page 164.

Il y a apparence que l'isle du Souffre ; reconnue

par le capitaine Gore, est celle de Kaëmpfer; il la place à longitude 141-12 et à latitude 24-48; voyés le troisième voyage de Cook, tome VIII, page 158.

Consultés sur l'Archipel très-peu connu des Isles Marianes, le *Voyage de Gemelli Carreri* page 296.

Page 172.

(DE L'ARCHIPEL VOLCANIQUE DES PHILIPPINES.)

Nos mémoires sont le *Voyage de Gemelli Carreri*, tome V. page 42, 77 et *alius*, le tome XXXIX. de l'*histoire générale des voyages*, depuis la page 7 et sur-tout le *Voyage dans les mers de l'Inde*, de l'académicien le Gentil, tome II. de la page 4 à la page 22.

L'anecdote sur l'eau Thermale, qui pétrifie les corps qu'on y-jette, se trouve dans Gemelli Carreri : ce voyageur cite Dom Teblo, gouverneur, à cette époque, des Philippines, à qui on fit présent de la moitié d'une écrévisse pétrifiée par cette voye étrange : on avait tenu ce coquillage à moitié hors du fluide, pour rendre plus sensible un pareil phénomène, qui confondait toutes les idées reçues.

Page 177.

(DES TROIS ARCHIPELS DES ISLES DE LA SOCIÉTÉ, DE CELLES DES AMIS ET DES NOUVELLES HÉBRIDES.)

Voyés sur le premier, l'ancien voyage de Cook tome IV. page 285, et son second, tome II. page 93 et sur le grouppe des Marquises, tome III. page 168.

Quant à l'Archipel des Amis, consultés sur Anamocka, le second voyage de ce navigateur, tome IV. page 62 : son Toofoa, le troisième, tome III. page 61 ; sur Amsterdam le second, tome II. page 343, et sur Amataffoa, le même, tome IV. page 62.

Nous avons consulté pour les nouvelles Hébrides le même Cook, second voyage, tome IV. page 93, 154, 190, 201, 241, 243, 245 et 260, ainsi que le tome V. page 14, 46 et 71.

Page 191.

(DES VOLCANS DU MONDE AUSTRAL.)

Cook n'a parlé que de ceux de la Nouvelle Zélande, second voyage, tome I. page 409 : mais ce grand navigateur reconnait l'existence des montagnes ardentes, dans toutes les contrées Australes. Voyés le même ouvrage, tome VI. page 53.

ÉCLAIRCISSEMENTS

Page 192 et 194.

(DES SYSTÈMES DE JEAN DE BARROS, ET DE PALLAS, SUR LA FORMATION DES MOLUCQUES ET DES VOLCANS DE CET ARCHIPEL.)

L'analyse de Barros, l'historien des Indes, se trouve dans le *Voyage aux mers de l'Inde*, de M. le Gentil, tome II, page 6, et le texte de Pallas dans son *Discours sur la formation des montagnes*, page 82.

On peut consulter sur le Volcan de l'Isle de Sorea, *philos. trans.* ab. tome II, page 361 ; sur la montagne fendue de l'Isle de Machian, *l'histoire de la conquête des Molucques*, par Argensola, tome III. page 518 : sur les dévastations de l'Isle d'Amboine, la relation du second voyage des Hollandais, au tome II. du *recueil de la Compagnie* ; et sur le Volcan de Ternate, la description du Portugais Dom Antoine Galva, dans le tome XXXI. de *l'Histoire des voyages*, page 153 ; et la *Conquête des Molucques* d'Argensola, tome I. page 21 et 113.

Page 199.

(SUR LES ISLES DE LA SONDE.)

L'étendue de 600 lieues en circonférence, donnée

& l'isle de Bornéo, est d'après le calcul du Théatin Portugais, Vintimilia, rapporté par Gemelli Carreri au tome III. de ses voyages.

Le Volcan de Panarucan à Java, nous est connu par le *Recueil des voyages de la Compagnie des Indes Hollandaise*.

Page 204.

(Sur les Maldives.)

» Les Maldives.... s'étendent en longueur, l'es-
» pace de deux cents lieues, et n'en ont que trente
» à trente-cinq en largeur.... Elles sont divisées
» en treize provinces ou Atollons....

» Chaque Atollon rond ou ovale, d'environ trente
» lieues de tour, est environné d'un grand banc
» de pierre, comme si c'était une muraille... Ce
» banc défend les Isles innombrables qui composent
» chaque Atollon, contre les vagues de la mer
» qui viennent s'y rompre avec fureur....

» Les Isles des Atollons, sont dans un nombre
» presqu'infini ; ceux du pays me disaient qu'il y
» en avait jusqu'à douze mille..... Les courants
» et les marées diminuent tous les jours cette quan-
» tité...... On dirait, à voir l'intérieur d'un de

» ces Atollons, que toutes ces petites Isles et la
» mer qui les sépare, ne sont qu'une basse continue :
» c'est à dire, qu'originairement ce n'était qu'une
» seule Isle, coupée et divisée dans la suite en plu-
» sieurs autres : et de fait, ceux qui naviguent au-
» près des Maldives, apperçoivent le fond de la
» mer tout blanc, à cause du sable de cette couleur
» qui couvre les roches : les eaux y ont très-
» peu de profondeur, presque jamais elles ne se
» prolongent à vingt brasses.... Et quand la mer
» est basse, à peine a-t-on de l'eau jusqu'à la cein-
» ture......

» Les Insulaires disent que les Maldives n'ont
» commencé à être habitées que depuis environ
» quatre cents ans. — Voyés, *Voyages de Fran-
çois Pyrard*, édition de Paris de 1679, page 71, 72
et 185.

Page 206.

(Sur l'Archipel du Cap-Verd.)

Voyés pour le sel de l'Isle de Mayo, Beckman,
Voyage à Borneo, page 9.

Et sur le Volcan de l'Isle de Feu, le *Voyage
Anglais* du capitaine Roberts, page 418, et Froger,
Voyage de la mer du Sud, page 57.

Page 209.

Page 213.

(Sur les Açores.)

Voyez le second voyage de Cook, tome VI, page 51, les voyages de Mandeslo, et le tome I, *passim*, de l'histoire des voyages.

Page 215.

(Sur les Antilles.)

Voyés *Lettres physiques et morales sur le globe*, par J. A. de Luc, tome II, page 447.

Page 219 jusqu'à 241.

(Sur la conflagration de l'Archipel de la Grèce).

Voyez sur le Volcanisme d'une des montagnes secondaires de l'Isle de Chypre, Marian. Scot, *in Titi reh. Chronic.* lib. 2, et sur la hauteur de son mont Olympe, Dapper, *description. de l'Archipel*, page 26.

Le trait sur la conflagration de l'Isle de Lemnos, est tiré du *Lexicon* d'Hésychius.

Voyés sur l'Isle de Lesbos, Pline l'ancien, *histor. natur.* lib. V. cap. 31 ; ce dernier, d'après le calcul d'Isidore, lui donne de circonférence cent soixante-huit mille pas, et suivant une évaluation des tems primitifs, cent quatre-vingt-quinze mille : *tota insula circuitur, ut Isidorus*, CLXVIII. M. *passuum, ut veteres*, CXCV. M. L'évaluation de Strabon se lit, *geograph.* lib. XIII, et celle d'Agathémer, dans son ouvrage, recueilli dans les *petits géographes*, lib. I. cap 5. les rapports à notre lieue légale de 2500 toises, qu'on lit dans le texte de cet ouvrage, viennent du principe que le stade est de 51 toises, et que le pas Grec ou le Béma a vingt-deux pouces.

Le texte du voyage de Tournefort, cité par rapport à l'Isle de Samos, se trouve à la lettre X du tome second de cet ouvrage.

J'ai dit que toute l'antiquité était pleine de témoignages sur l'éruption de Délos au dessus de la mer : il ne faut point appuyer sur la septième Ode des *Olympiques* de Pindare, parce qu'une strophe lyrique est d'un bien faible poids dans les monuments érigés par les philosophes ; mais on peut citer Héraclide de Pont, *de politiis Græcorum*; Diodore de Sicile, *Biblioth. histor.* lib. V. Pline l'ancien, *histor. natural.* lib. II. cap. 88. Ammien Marcellin lib. X. cap 2. et même Philon le Juif, dans son livre, *De incorruptibilitate mundi*, où il déraisonne obscurément sur ce qu'il sçait et sur ce qu'il ignore.

Buffon contrarie à tort tous ces témoignages dans son *histoire naturelle*, tome I. article XVII. des *preuves* qui terminent le volume.

Voyés sur l'Eubée, aujourd'hui Négrepont, *Stéphan Byzantin*, Strabon, *geograph.* lib. XIV. et Thucydide, *de bello Peloponer.* lib III. cap 89.

Le Volcanisme de l'Isle de Délos, qu'indique son explosion, semble attesté par Pline, qui cite le témoignage d'Aristote, *histor. natur.* lib. IV. cap. 22; le même naturaliste invoque le témoignage de Mutien sur les tremblemens de terre qui ont désolé sa surface: et on peut y joindre ceux d'Hérodote, *Erato* vel. lib. VI. et de Thucydide, *de bello Peloponer.* lib. II.

Consultés, sur l'étendue de Délos, le *voyage du Levant*, de Tournefort, tome I. lettre VII. Pline l'ancien, *histor. natur.* loc. citat, et Solin, *Polyhist.* cap. 17.

Le texte de Pline que j'ai cité sur l'Archipel Volcanique de Santorin, se trouve *histor natur.* lib. II. cap. 86.

Conon est précis sur l'émersion subite de la petite Isle d'Anaphe : *in Anaphe insulâ quæ supra Theram jacet.... Jasonem è Colchide raptâ Medeâ, domum redeuntem valida oppressit tempestas.... Apollo mala omnia avertit, et fulgure cœlo erumpente, insulam subitò ex imo maris gurgite emisit*, voyés *Conon narrat.* in Phot. Biblioth, pago 457.

Strabon ne l'est pas moins sur son Isle anonyme; qu'on peut prendre pour la Nea ou l'Alone de Pline. *In sinu Hermionico, terra altitudine septem stadiorum, egesta est, è flammeâ quadam efflatione: locus que is interdiù inaccessus est ob calorem et sulphureum odorem: noctu autem benè fragrat, proculque effulget et calefacit adeò ut mare ferveat per stadia quinque, turbidum sit usque ad XX, agger que Saxorum præruptorum in eo existat: turrium magnitudini non cedentium* voyés, *geograph.* lib. I.

On peut consulter, sur la conflagration de l'Isle d'Hyera, Sénèque, *quæst. natur.* lib. II. cap. 26. Justin, *histor. Philipp.* lib. XXX. cap 4. Pausanias: lib. VIII: cap 33. et surtout Strabon, *geograph.* lib. I. *medio*, dit ce dernier, *inter Theram et Thevasiam loco è mari flammæ emicuerunt per dies quatuor, adeò ut totum ferveret mare; at que paulatim clatsm veluti instrumentis insulam è massis compositam ediderunt, ambitu duodecim stadiorum.*

Hérodote parle de la célébrité de l'Isle de Thera (notre moderne Santorin,) dans le livre IV de son histoire, et son calcul ne s'accorde point avec celui que Pline a consigné dans son histoire naturelle, lib. II. cap. 89.

Le trait sur le tremblement de terre, qui, en 1503, partagea en deux l'Isle de Santorin, se lit, *Martini à Baumgarten itinerar*, lib. 3. cap. 26.

L'anecdote sur la petite *Isle brulée*, qui avoisine Cythère, se voit dans Dapper, *Archipel*, page 379.

Le texte du baron de Tott, sur la conflagration de l'Isle de Crète, se lit dans la petite édition de ses *mémoires*, tome III. page 112, et celui de Dapper sur le désastre que cette Isle essuya en 360, dans son *Archipel*, page 399.

Page 248.

(De la Sardaigne.)

Les monts inaccessibles que décrit Pausanias, *in Phocic.* se trouvent au nord de la Sardaigne : l'historien ajoute que les rameaux de la Chaîne se touchent de près et que l'extrémité aboutit au rivage.

Page 250.

(DE LA CORSE.)

Voyés sur les coquillages de mer qui couvrent sa Chaîne primordiale, Busching, *geographie*, partie de l'Italie, page 900.

Et sur le Volcanisme de ses montagnes, le voyage de Lalande, seconde édition, tome VII. page 544, et sur-tout un *mémoire sur l'histoire naturelle de la Corse*, écrit par M. Barral, et imprimé en 1782, sous la forme d'une brochure in-octavo.

Page 252.

(DU GROUPE DES PYTHÉCUSES.)

Voyés Pline, *histor. natural.* lib. II. cap 89; et lib. III. cap 12. Strabon, *geograph.* lib. I. et V. Ferber, *lettres sur la minéralogie de l'Italie*, page 271, texte et note, et l'ouvrage du chevalier Hamilton, *sur les Volcans*, page 236.

Le trait sur l'éruption de 1301, est tiré de Lombardi, *de Balneis Puteolanis*, cap 77.

Page 255 jusqu'à 265.

(DE L'ARCHIPEL DE LIPARI.)

USTICA. Voyés Bochart, *graograph. sacr.* lib. I. part. 2. et *le voyage aux Isles de Lipari*, du commandeur de Dolomieu, page 142.

ÉRICODE et PHÉNICODE. Le *voyage* cité ci-devant page 98.

DIDYME, PANARIE et STONGYLE. Je n'ai eu besoin encore que d'analyser le même ouvrage page 89 à 126.

VULCANO. Voyés, *lettres physiques* de de Luc, sur l'histoire de la terre, tome II. page 432.

La conflagration perpétuelle de Vulcano est attestée par Strabon, *geograph.* lib. VI. par Solin, *polyhist*, cap 12. par Pline, *histor. natur.* lib. III. cap. 9. et par Diodore, *Biblioth.* lib. VI. cap 3.

Le texte d'Orose qui annonce l'émersion de Vulcanello, mérite d'être transcrit. *Eodem anno, Scipio Africanus ab ingrata sibi urbe diu exulans, apud Liternum oppidum morbo periit, Iisdem etiam diebus, Annibal apud Prusiam Bithyniæ regem cum à Romanis reposceretur venenososo necavit) Philopœmen dux Achivorum, à Messeniis occisus quo est. In Siciliâ tunc Vulcani Insula, quæ ante non fuerat, repente mari edita, cum miraculo omnium, usque ad nunc manet.* Voyés Orose, lib. IV. cap. 20.

Aristote parle d'une des premières éruptions de la montagne ardente de Vulcano, *de meteor.* lib. II.

Une autre, datte de l'époque de la guerre Sociale. Pline, *histor. natur.* lib. II.

Celle de l'an 144 de notre Ere vulgaire, ébranla la Sicile et la Calabre.

Les historiens de l'Italie font mention d'une explosion de 1444, où des rochers énormes, lancés à une hauteur incommensurable, allèrent retomber à près de trois lieues de distance.

On a parlé de l'éruption de 1550, qui réunit Vulcano à Vulcanello.

Les dernières sont de 1739, de 1775 et de 1780; dans l'intermédiaire, le Volcan lança au loin des blocs de Laves vitreuses, et vomit des cendres blanchâtres qui se portèrent, en forme de nuages, sur l'Isle de Lipari et jusques dans la Sicile.

Voyez l'ouvrage, déjà cité plusieurs fois, du chevalier de Dolomieu, page 26.

LIPARI. Cette Isle est celle que le chevalier de Dolomieu a visitée avec le plus de soin : il a consacré, depuis la page 42 de son ouvrage jusqu'à 89, à en donner une description qui put satisfaire le goût difficile des naturalistes; et au lieu de glaner, j'aurais moissonné dans ce champ fertile d'observations, si j'avois pu oublier un moment que j'écrivais moins les annales du Volcanisme, qu'une Histoire philosophique du Monde Primitif.

Je terminerai toutes ces notes sur l'Archipel de Lipari, par une observation de l'ingénieux auteur des *Volcans éteints du Vivarais*, qui peut avoir quelque poids : elle se trouve à la page 74 de son ouvrage.

« On peut regarder l'Archipel de Lipari comme
» une suite d'Isles, dont la plus grande partie a
« été élevée du fond de la mer, par des explosions
« Volcaniques, comme Santorin : on y voit beau-
» coup d'eaux Thermales, des mines de souffre et
» d'alun : il y a des endroits où la fumée et la
« flamme se manifestent encore ; tous les foyers
» ne sont pas absolument éteints, et il est à craindre
» que plusieurs ne renaissent de leurs cendres

« pour occasionner de nouveaux bouleversements. »

Page 265.

(DE LA SICILE.)

Notre description est tirée de traits épars, répandus dans les deux beaux *Voyages Pittoresques* de l'abbé de Saint-Non et de M. Houel, dans ceux du comte de Borch, de Swinburne, de Riedesel, de Sestini, de Penon, etc., dans les *Transactions Philosophiques*, de la Société Royale de Londres, dans les suppléments de *l'histoire naturelle* de Buffon, et dans les *recherches sur les Volcans éteints* du Vivarais. Le Voyage infiniment curieux de Brydone est celui qui a fourni le plus d'anecdotes : comme tous les faits cités ne sont révoqués en doute par personne, il m'a paru inutile de surcharger ces notes d'une stérile énumération de pages, que nul physicien ne serait tenté de lire, et encore moins de vérifier.

Les vers traduits de Pindare sont de la première des *Pythiques*, écrite en l'honneur d'Hyéron.

Thucydide fait mention de deux anciennes éruptions de l'Etna, *de bello Pelopones*. lib. III. cap. 116.

Le souvenir de quelques autres éruptions, a été conservé par Diodore, *Biblioth. historic.* lib. XI. et *excerpt. Valesian.*

La chronologie des éruptions de l'Etna, depuis la dernière que cite Diodore, jusqu'à la fameuse de 1669, mérite à peine une place dans ces notes.

On en cite une, vers l'époque très-vague du martyre de Sainte Agathe.

Une autre concourt avec l'an 812, où régnait Charlemagne.

Plusieurs se sont succédés à divers intervalles, depuis 1160 jusqu'à 1169; l'une d'elles est mémorable, parce que le torrent de Laves descendit si promptement, que la cathédrale de Catane fut renversée, et les prêtres qui la desservaient disparurent.

Les Transactions Philosophiques citent d'autres éruptions et les rapportent aux années 1284, 1389, 1408, 1444, 1556, 1633, et 1660.

Il faut que ces diverses éruptions, dont nous ne connaissons guères que les époques, ayent été bien violentes, puisque le Jésuite Kircher raconte dans son *mundus subterraneus*, que les habitants de Catane, en creusant le sol de leur ville, pour avoir des pierres-ponces, trouvèrent, à la profondeur de cent palmes, des rues pavées de marbre, qui faisaient partie des villes anciennes, ensevelies sous les Laves du Volcan.

Le tableau de l'éruption de 1769, dessiné dans le texte, est fait d'après la relation de quelques Anglais, témoins oculaires, consignée au No. 48 des *Transactions Philosophiques*, et les lettres 7, 8 et 9 du tome I. du *voyage en Sicile*, de Brydone.

Page 289.

(Sur les Isles Volcaniques de la mer du Sud.)

Cook, notre guide dans ce tableau, trouve sur tout le globe des traces du feu Volcanique, *premier voyage*, tome VII. page 217.

Voyés sur l'Isle de Kerguelen, *troisième voyage*, tome I. page 184.

Sur celle de Norfolk, *second voyage*, tome V. page 83.

Sur celle de Pâques, *ibid.* tome III. page 76 à 155.

Et sur celle de l'Ascension, *ibid.* tome VI. page 4, etc.

Page 295.

(Sur l'Isle Formose).

La lettre du Jésuite Amyot, qui rend compte de sa catastrophe, se voit dans les *mémoires concernant les Chinois*, édition de Paris, inquarto, tome X. page 139.

Page 297 et 298.

(Sur les Isles de France et de Bourbon.)

Voyés le *voyage dans les mers de l'Inde*, de l'académicien le Gentil, tome I. page 15 et tome II. page 644 à 653.

Nous avons consulté aussi une *description de l'Isle de Bourbon*, imprimée à Londres en 1762 : les *recherches sur les Volcans éteints*, page 82 ; et un mémoire de M. de la Bourdonnaye, qui fut onze ans gouverneur des Isles de France et de Bourbon, qui soutint long-temps, aux yeux de l'Inde et de la Grande Bretagne, l'honneur du Pavillon Français, et que nous avons vû périr victime du despotisme ministériel et de l'ingratitude de ses compatriotes.

ÉCLAIRCISSEMENTS

Page 300.

(DES ISLES DE SAINTE-HÉLÈNE, DE MAYEN ET DE GRISLAND.)

Voyés sur Sainte Hélène, le premier voyage de Cook, tome VII. page 261, et les *lettres physiques et morales sur le globe*, de J. A. de Luc; tome II. page 449.

Nos détails sur l'Isle de Mayen, sont fournis par *l'histoire naturelle de l'Islande* d'Anderson; tome I. page 10.

Nous tenons ce que nous sçavons du Volcanisme de l'Isle de Grisland, de *l'histoire des découvertes et des voyages faits dans le Nord*, par Forster; tome I. page 316 et 320.

(SUR L'ISLANDE.)

Voyés Olaüs Magnus, *historia gentium septentrionalium*, lib. II. cap. 2. *l'histoire naturelle de l'Islande*, par le bourguemestre de Hambourg, Anderson, traduite en Français par Sellius, professeur de Gottingue et publiée en 2 volumes in-12 : la *nouvelle description physique* de cette Isle, par le Danois Horrebows ; le tome I. de la géographie de Busching et le sçavant Mallet, *Introduction à l'histoire de Dannemark.*

(Sur les terres incendiées.)

Voyés sur le gouffre de Zalaur, Boccone, *museo di physica et di experienza.*

Sur la cavité d'Aix-la-Chapelle, Swedenborg, *opera mineralia, de cupro*, page 512.

Sur les sources sulphureuses du Sourgout, le *voyage de* Pallas, tome I. page 165.

Et sur le mont Kargousch, le même ouvrage; tome II. page 74.

(Sur le Volcan de Damavend).

Voyés. *voyages d'Herbert*, liv. 2. page 308.

(Sur le Monte-Nuovo.)

Voyés, *dell incendio di Pozzuolo*, par Marc-Antoine de Falconi, et *ragionamento del terre moto del Nuovo-Monte*, par Pierre Jacques de Tolède, dont la traduction se trouve à la fin du volume des *lettres sur la minéralogie* de Ferber, et à la page 195 des œuvres du chevalier Hamilton.

L'anecdote que je cite de Lazzaro Moro, est tirée de son livre *de Crostacei*, et l'écrivain

Italien dit l'avoir extraite de Paragallo, dans son *histoire du Vésuve*.

Cette anecdote est confirmée à la page 219 des œuvres du chevalier Hamilton.

(SUR LA SOLFATARE.)

Voyez Strabon, *geographia*, lib. V : Pline l'ancien *histor. natural.* lib. XXXV. cap. 15, les *lettres Ferber*, page 255, un mémoire de Fougeroux e Bondaroy, dont nous avons analysé quelques détails techniques. *Mémoires de l'académie des sciences*, année 1765, et le *voyage pittoresque de Naples et de Sicile*, tome II. page 181.

FIN
DU TOME III.

www.ingramcontent.com/pod-product-compliance
Lightning Source LLC
Chambersburg PA
CBHW060600170426
43201CB00009B/845